에티오피아 쌀람!

아디스아바바를 중심으로 에티오피아 남부 · 동부 바로 알고 떠나기

최광현 · 주혜영

지식공감

prologue

2년의 시간이 흘렀다. 처음 입국 시만 해도 3년이 어찌 흐르나 기대도 많고 걱정도 많았지만, 우여곡절 끝에 결국 시간은 가버렸다. 아직 반년의 시간이 남았지만, 집필은 여기서 멈추기로 했다. 아이디어와 소재가 고갈되었기 때문이다. 하지만, 비록 고갈되었다 하더라도 얻은 것은 너무나 많다. 그동안 수없이 많은 에티오피아인들도 만나고 암하릭어도 눈치껏 늘었다. 그보다 더욱 는 것은 오지에서 생존하는 생활력일 것이다. 혼자서 수도, 전기 시설, 전자 제품도 고칠 줄 알아야 하고, 자동차도 볼 줄 알게 되었다. 하지만, 무엇보다 값진 교훈은 에티오피아에 대한 깨달음일 것이다. 아직 부족한 면이 많지만, 가난한 나라의 가난한 사람들에 대한 편견과 오만함을 어느 정도 바로잡지 않았나 싶다.

실제로 책을 집필할 때, 다른 사람들이 흔히 생각하는 에티오피아의 이미지, 절대 빈곤, 기아, 원조, 구걸 같은 면보다, 에티오피아의 발전적인 모습과 평범한 도시민의 삶을 그려 보려 했다. 흔히들 외국인이 오게 되면 수도에 머무르며 주로 도시민을 보게 되고, 이 모습은 농촌 지역의 사람들과 다른 사고 방식과 생활 수준을 보이기 때문이다. 물론 도심지 빈곤층이 농촌 지역의 빈곤층 못지 않게 많은 부분을 차지하고 생활도 더 비참한 경우가 많지만, 이는 어느 선진국도 비슷하지 않나 싶다. 사실은 에티오피아도 이제 원조와 가난의 나라에서 벗어나 당당히 세계 무대에 자립하길 바라는 마음도 있다. 어떻게 보면 구걸은 국가와 국민의 존엄성을 저해하는 행위일 수 있기 때문이다.

ETHIOPIA

　　또한 이런 가난한 면모보다 에티오피아의 아름다움을 소개하는 것이 결국 에티오피아를 더 돕는 길이라고 생각한다. 내가 에티오피아에 얼마를 직접 주는 것 보다는, 차라리 에티오피아의 아름다움을 즐기고 에티오피아 제품을 사는 것이 에티오피아 산업을 증진시킬 것이고, 에티 국민들의 자존감도 높일 것이기 때문이다. 더군다나 나의 소개로 혹시 한 명이라도 에티오피아를 찾는 한국인이 생긴다면 나의 노력은 헛되지 않았다고 생각한다. 아디스에 머물면서, 라스 데스타에 근무하면서 시간이 나는 주말에 주로 남부와 동부를 다녀보게 되었다. 동부의 데브리 자잇과 나자렛, 모조, 아와시 국립공원, 남부의 티야, 아다디, 멜카, 아와사, 랑가노, 아르바 민치 등, 물론 외국인이 다니는 관광지가 주가 되긴 했지만, 북부와 또 다른 모습을 보여 준다. 하지만, 무슬림 도시인 하라르, 북부 시미엔 산 못지 않은 남부의 명산 발레 산, 그리고 조금 위험할 수 있는 서부 지역은 다음 기회로 미루기로 했다. 이곳에 관해선 나중에 별지로 작성해 볼 예정이다.

　　마지막으로 책을 쓰는 동안 힘들고 지쳐 그만 쓰고 싶을 때가 무척 많았지만 끝을 낼 수 있도록 힘을 북돋아준 부인과 우빈이와 우인이, 그리고 부모님께 감사의 뜻을 전하고 싶다. 더군다나 무엇보다 이런 큰 기회를 주신 대한민국 정부와 외교통상부, 한국국제협력단, 그리고 끝없는 지적 영감을 준 에티오피아의 어린 아이들과 농촌 아낙네들에게 이 책을 바친다.

| CONTENTS |

첫번째
#에티오피아 알아보기

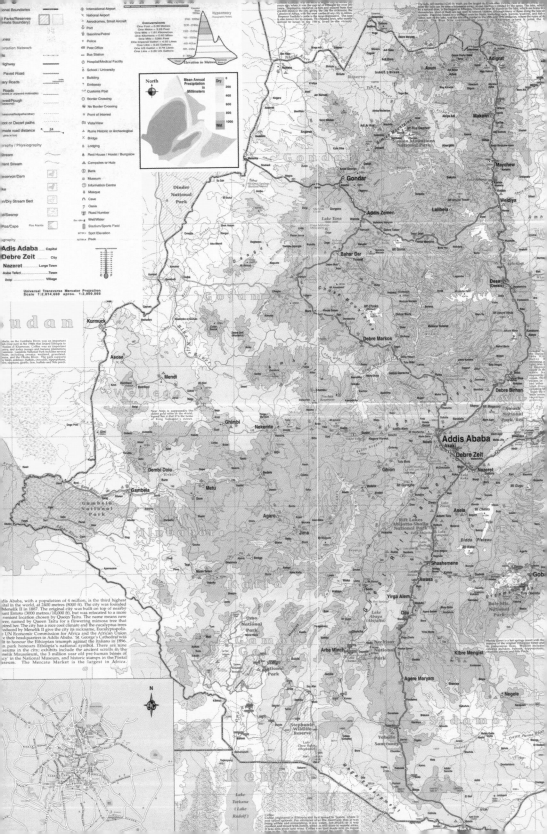

위치 및 기후

　에티오피아는 동아프리카 동경 38도, 북위 8도에 위치해 있다. 흔히들 소말리아, 에리트리아, 지부티와 함께 지리적으로 동쪽으로 솟아 나와 있어 '아프리카의 뿔The Horn of Africa'이라고도 부른다. 수도는 아디스아바바이며 시차는 한국보다 6시간 느리다. 수도 아디스아바바의 경우 해발 고도 2,500m에 위치해 있어 적도 지방보다 서늘한 기후를 나타내며 전국토의 1/4이 2,000m 이상 고도에 위치해 있고 대부분의 인구도 이곳에 거주한다. 에티오피아의 최고봉은 시미엔 산의 라스 다쉬엔 봉우리로 4,620m에 이른다. 열대 기후에 속하며 크게 건기와 우기로 나눈다. 우기는 다시 6월부터 9월까지 대우기, 2~3월의 소우기로 나누고 건기는 10월부터 1월까지의 냉건기와 4월부터 5월까지 온건기로 나눈다. 연평균 강수량은 850mm이나 지역별 격차가 크다. 흔히들 관광의 절정기는 대우기가 끝난 10월에서 12월경이다.

암하릭어로 씌여진 책 1

암하릭어와 영어가 공용어로 사용되며, 중등 과정 이상의 교육을 받은 국민들은 기본적인 영어 사용이 가능하다. 전국적으로 80여 개 이상의 부족과 언어가 있지만 크게 3대 종족과 언어가 있다. 하지만, 문자는 모두 암하릭 문자를 공유하고, 남부 일부 부족에선 영어 알파벳을 차용한다. 먼저 가장 많은 수를 이루고 있는 남부 오로미아주에 사는 오로미아족과 이들이 사용하는 오로미아 언어, 다음으로 암하라 주에 사는 암하라 족과 에티오피아 공용어인 암하릭어, 북쪽 티그라이주에 사는 티그라이 족과 티

그라이어가 있다. 이외에도 아파르족, 소말리족, 시다모족이 있으며 모두들 언어가 다르며 서로 통용되지 않는 경우가 많다. 또한 전체 인구는 약 8,000만 명을 상회하며 인구 구성은 전형적인 저개발국가형인 피라미드형으로 평균 연령은 매우 젊으며 근로자들 연령 또한 매우 낮은 편이다.

암하릭어로 씌여진 책 2

교통 및 통신

　에티오피아 항공에서 국내선을 독점하고 있으며, 비교적 각 도시별로 공항이 잘 갖추어져 있다. 메켈레, 악숨, 쉬레, 바흐다르, 곤다르, 랄리벨라, 아르바 민치, 짐마, 디레다와 등의 주요 도시에서 1일 1편 내지 1주 2~3편으로 항공기 이용이 가능하다. 또한 주요 도시를 연결하는 시외 고속도로는 포장이 거의 완료되었으며, 차량으로 이동도 가능하다. 대부분의 고속도로는 2차선으로 한국의 국도와 비슷하다. 하지만, 고가도로 및 인터체인지는 전무하다. 도시별로 중앙에는 버스 터미널이 있고, 비록 간판과 행선지 안내는 없지만, 직원이나 다른 승객들에게 물어서 버스를 탈 수 있다. 한국식의 고속버스인 스카이 버스 내지 살람 버스는 바흐다르 등의 일부 도시에서만 가능하고, 나머지 도시에선 봉고차를 이용한 미니 버스 내지 20~25인승의 중형 버스를 이용해야 한다. 하지만, 종종 교통사고 및 버스 내 소매치기 등이 있을 수 있으므로 주의는 필요하다. 아디스 시내에서는 콘트라라 불리는 파란 택시를 이용할 수 있으며 평균 100비르 내외로 탑승한다. 그리고 가장 많이 사용하는 봉고차를 개조한 미니 버스를 2~3비르 내외로 탈 수 있고, 근래 '암바사 버스'라는 한국식의 시내 버스도 주요 행선지 별로 탈 수 있다. 지방 도시의 경우 콘트라 대신 바자지를 볼 수 있으며, 가격도 저렴하여 택시처럼 타며, 단골을 만들면 전화로 집 앞까지 부를 수도 있다.

아디스의 볼레 공항

통신의 경우 관영기업인 에티오피아 텔레콤에서 독점하고 있으며 휴대폰과 인터넷 모두 선불 충전 방식을 사용하고 있다. 휴대폰 공기계를 사게 되면 각 지역별로 있는 텔레커뮤니케이션 센터를 방문해 심카드를 사고 고유번호를 받는다. 이후에 시내 곳곳의 상점에서 그린 카드를 금액별5, 10, 15, 25, 30, 50, 100로 사고 뒷면을 동전으로 긁어 나온 핀넘버를 입력하면 충전이 끝난다. 인터넷 또한 USB형 모뎀을 구매하고 같은 텔레커뮤니케이션 센터를 방문하여 심카드와 고유번호를 받은 후 같은 방식으로 충전하게 된다. 아직 일부 대형 관공서를 제외하고 광랜의 보급은 부족한 편이다.

아, 그리고 에티오피아 국제 번호는 251이다.

▲ 공중전화 박스 ▼ 만원버스와 시민들

기독교 문화는 로마 제국보다 먼저 악숨 왕조에서 받아들였다. 이 기독교가 에티오피아 특유의 문화와 결합하여 변화를 거쳐 국교인 현재의 에티오피아 정교회로 자리를 잡았으며, 고유의 종교 양식과 교황도 가지고 있다. 전반적으로 에티오피아 정교회아랍권에선 아비시니아 교회라 부른다와 무슬림이 양분하고 있으며, 가톨릭과 개신교는 극소수다. 사회 집권층 내지 도심권에 상주하는 인구는 에티오피아 정교회를 믿고 있으며, 이들이 주요 지배 세력이고, 무슬림 신도들은 상대적으로 차별 받는다고 생각한다. 에티오피아 사회에 있어서 에티오피아 정교회의 역할은 절대적으로서 거의 모두들 종교적 단식과 축제 및 율법을 철저하게 지킨다.

모든 국민들은 축구를 즐기나 국제대회에서 피파 랭킹은 120위로 세계 최약체다. 하지만, 마라톤과 10,000m 달리기 같은 장거리 육상에서 케냐 등과 경쟁관계로 뛰어난 성적을 보이고 매 올림픽마다 2~4개 정도의 금메달을 획득한다. 하일라 셀라시에 같은 선수는 1996년 애틀란타 올림픽 10,000m 육상 금메달을 딴 이후 에티오피아에서 현대차 딜러 및 리조트 설립 등 비즈니스에서도 뛰어난 수완을 보이고 있다.

아프리카에서 드물게 고유문자인 암하릭 문자를 보유하고 있고, 모음 7개와 자음 33개의 조합으로 총 231개의 표음 문자를 가지고 있다. 이 중 일부는 한국인으로 불가능한 발음도 있고, 에티오피아인들은 자신의 문자로 모든 발음을 표기할 수 있다고 말한다. 이러한 고유문자는 에티오피아 국민들의 자부심으로 작용한다.

에티오피아에서 가장 유명한
아디스아바바 대학교 캠퍼스 전경

항상 사람들로 북적이는 정교회 건물 앞

문맹률은 50%이나, 젊은층은 이 비율이 급속도로 감소하고 있고, 초등학교 취학률은 현재 70% 이상으로 꾸준한 상승세를 보이고 있다. 주요 도시별로 국립 대학이 1개씩 있어 중추적 교육기관으로 자리잡고 있다. 인터넷 사용은 젊은 도시 근로자를 중심으로 사용이 확대되고 있으나 농촌 지역의 경우 전무하다. 국영 라디오 방송과 TV 방송이 있으며, 영어 일간지 에티오피아 헤럴드Ethiopian Herald와 데일리 모니터Daily Monitor 등이 있지만, 민영 언론은 취약하며 언론 통제나 탄압으로 국제기구에서 지적을 받는 편이다.

아디스아바바 대학교 학생들

에티오피아에 특징적인 문화로 커피 세레모니가 있다. 한국인들이라면 누구나 인상적일 에티오피아인들의 커피 세레모니의 과정을 간략하게 소개해 보고자 한다.

아침·점심·저녁 하루 3번 생원두를 직접 로스팅 과정을 통해 빻아 원두 가루로 만든다. 이 원두 가루를 흙으로 구운 주전자에 물과 함께 넣고 끓여서 가루는 가라앉힌 후 커피를 마신다. 가족들과 나눠서 한 잔씩 돌려 마시고 또 물을 부어서 끓인 후 한 잔씩 마신 후 같은 방법으로 또 한 잔 이렇게 연거푸 3잔을 나누어 마신다.

최근에는 비교적 서구화된 도시인들, 특히 남성들의 경우 까페에 가서 에스프레소 머신에서 만들어지는 커피를 마시는 경우도 많지만 에티오피아인이라면 이구동성으로 집에서 직접 로스팅해서 마시는 커피가 진짜 커피맛이라고 한다. 아직까지도 집안에서 대부분의 시간을 보내는 여성이나 시골 지역에서는 커피 세레모니가 일상적인 모습으로 남아있다. 이러한 커피 세레모니 문화가 있기 때문에 에티오피아인의 점심시간은 최소한 2시간 이상이 소요된다. 그래서 간혹 현지인 집에 초대라도 받은 날에는 식사시간을 제외하고 커피 세레모니를 한 시간 이상 함께 해야할 각오가 필요하다. 바쁘게 살아가는 한국인의 눈에는 한 시간 넘게 한가롭게 커피 볶고 빻고 끓이는 여유있는 모습이 부럽기도 하고 일의 능률면에서는 이해가 안되기도 한다.

1941년 에티오피아 연방 민주 공화국Federal Democratic Republic of Ethiopia이 건국된 이후 의원 내각제를 유지하고 있다. 2011년 멜레스 총리의 갑작스러운 서거로, 현재는 하일라 마리암 외교부 장관이 총리 대행을 수행하고 있으며 2015년 총리 직선제 선거 예정이다. 거마 월디 기오기스Giram Wolde Giorgis가 현재 대통령직을 수행하고 있으나 명예직에 가깝다. 전국은 9개의 주와 아디스를 포함한 2개의 자치시로 구성되어 있고, 주 아래로 워레다Woreda와 케벨레Kebele란 산하 구역이 있다. 주요 정당으로 에티오피아 인민 혁명 민주 전선EPRDF, Ethiopian People's Revolutioary Democratic Front이 있으며, 이는 1991년 사회주의 정권을 무너뜨린 티그라이 인민 해방 전선TPLF, Tigray People's Liberation Front이 주축이 되어 만들어진 정당이다. 외교적으로 에티오피아는 대미 관계를 중시하는 친서방 정책을 펴고 있다. 하지만 내부적으로는 멜레스 정권의 장기 집권에 따른 오로모 해방 전선 등의 반발로 불안한 요소가 잠재되어 있다.

한국과는 6·25 전쟁 당시 약 6,000여 명의 병사를 파견하여 강원도 화천 일대에서 활약했으며, 이후로 우호적인 관계가 유지되고 있다. 하지만, 1974년부터 1991년까지 멩기스투 공산주의 정권 기간 동안은 북한

거리의 구두닦이 소년들

과 더 긴밀한 관계를 유지했었다. 이후 멜레스 정권의 친서방 정책과 한국의 경제발전을 배우려는 정책에 따라 다시 남한과 밀접한 관계를 유지하고 있다.

에티오피아는 전체 산업의 절반 이상이 농업이며 주요 수출품 역시 커피, 가죽, 금 등이다. 거의 모든 공산품을 수입하며 매년 극심한 무역 적자에 시달리고 있다. 국민 소득 또한 전세계 최하위권에 속하고 있고, 금을 제외한 특별한 지하 자원도 없는 실정이다. 또한 항구가 없는 내륙 국가로 매년 지부티에 막대한 수수료를 지불하고 있고, 수수료를 절약하기 위해 인근 소말리랜드의 새로운 항구와 계약하려고 한다. 현재 에티오피아 정부는 한국의 새마을 운동 및 경제개발 5개년 계획을 본받아 산업 국가로 발돋움하려 노력 중이다.

선글라스가 멋있는 세 자매

고무줄 놀이하는 도시의 소녀들

에티오피아 사람들이 즐겨입는 원색의 옷들을 파는 가게들

청소도구를 파는 행상인

스마트 폰과 스마트 패드로 게임하는
도시적인 에티오피아인

전화하는 세련된 에티오피아 여인

거리의 자유로운 사람

역사

　에티오피아의 역사는 크게 고대의 악숨 왕조, 중세의 랄리벨라 왕조, 근세의 곤다르 왕조가 있다. 각 왕조 사이에 여러 유목민 등이 각 지역에서 집권했으나, 화폐나 연대기 같은 기록물 내지 유적을 남기지 않아 자료가 부족해 존재를 추정할 뿐이다. 이후 1855년의 테오도로스 황제가 다시 에티오피아를 통일하고 나서부터 근대가 시작된다. 테오도로스 황제는 1869년 영국군에 패배해 자살을 선택했다. 다음으로 티그라이의 메켈레를 수도로 선포한 요하네스 4세 황제1872년-1889년, 아디스를 처음 수도로 삼은 메넬리크 2세 황제1889년-1913년, 의문의 죽음을 당한 즈우디투Zewditu 여왕1916년-1930년, 6·25 전쟁에 한국에 '강뉴' 부대를 파병한 하일라 셀라시에 황제1930년-1974년, 공산주의 정권의 멩기스투Mengistu 대통령1974년-1991년, 멜레스 제나위 총리1991년-2012년로 이어진다.

　먼저 악숨의 역사부터 살펴보면, 사실상 에티오피아의 역사는 악숨 왕조부터 시작한다. 기원전 400년 경, 고대 국가로서의 틀이 형성되고, 문헌상 처음 언급된 것은 1세기 경, 이집트 뱃사람들에 의해 기술되었다. 기원전 1000년경, 노아의 증손자인 Aksumawi가 왕국을 건설했지만, 이후 Wainaba라는 커다란 뱀이 악숨 왕국을 공격하고, 이후 400년간 지배한다. 사람들은 뱀에게 우유와 처녀를 먹이로 바쳤다. 이후 Angabo라는 구원자가 홍해를 건너 사바 왕국으로부터 왔고, 자신이 뱀을 죽이면 왕으로 앉혀 달라고 요구했다. 악숨 사람들은 동의했고, 이 남자는 독이든 염소를 이용해 뱀을 죽이게 된다. 결국 악숨 왕조의 왕이 된 이 사람은 결혼하고 딸을 낳는데, 이 딸이 그 유명한 Sheba 여왕이다. 이 쉬바 여왕이 솔로몬과 사랑하여 낳은 아들이 메넬리크 1세로서 악숨 왕조의 초대 황제가 된다.

　건국 당시 북서쪽으로 이집트, 서쪽으로로 수단, 북동쪽으로 에리트리아까지 국경을 형성했고, Adulis는 악숨 왕조의 주요 항구였다. 주로 유향, 곡물, 가죽, 코뿔소의 뿔, 코끼리 상아 등을 수출하고, 의류, 유리, 철 등을 이집트, 아랍, 인도 등으로부터 수입했다. 또한 금, 은과 시리아, 이탈리아로부터 와인과 올리브 오일도 수입했다. 그리고 풍부한 농경지와 함께 댐과 저수지도 있었다. 이후 3세기부터 6세기까지 악숨 왕조는 전성기를 맞이하는데, 홍해를 건너 남부 아라비아 반도, 서쪽으로는 수단의 나일강 계곡까지 영토를 확대했다. 이 당시 금, 은, 동으로 만들어진 화폐뿐만 아니라 기념비적인 건축물도 건설되었다. 이 당시 건축물을 'Aksumite style'이라고 부르며, 에티오피아에서 가장 유명한 건축 양식 중 하나다. 또한, 각종 문자와 그림이 새겨진 커다란 오벨리스크도 이 시기의 대표적 건축물이다.

이후 악숨 왕조에 기독교가 전파되기 시작한다. 에티오피아 역사가들은 'Abba Salama'라는 방랑하는 성인에 의해 전파가 시작되었다고 한다. 이후 4세기경부터 공식적인 기록물로 남기 시작했고, 악숨의 'King Ezana's stone'의 비문에 기독교에 대한 언급이 있다. 또한 이 시대의 동전에 십자가가 새겨졌다. Ezana 왕은 기독교를 국교로 선포한 왕이다.

솔로몬과 사랑에 빠진 쉬바 여왕
(또는 마케다)

악숨 왕조의 오벨리스크

악숨 왕조의 화폐

해와 달을 형상화한 동일한 문양을 사용한
동전과 오벨리스크

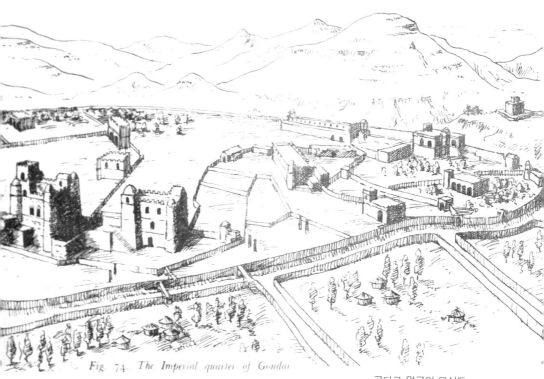

Fig. 74. The Imperial quarter of Gondar

곤다르 왕궁의 모식도

랄리벨라의 교회 건설을 돕는 천사

악숨의 유명한 오벨리스크 중의 하나인 'Aksum's Great Stele'가 무너지는데 이는 이교도의 시기가 끝나고 기독교의 시기가 시작함을 의미한다. 이후 5세기경, 아홉 명의 그리스어를 사용하는 전도사에 의해 북부 지방에 수도원이 건립되기 시작한다. 데브리 다모 수도원도 이중의 하나이다. 그리고 성경도 그리스어에서 고대언어인 Ge'ez로 번역되기 시작한다. 오늘날 에티오피아의 절대 다수가 에티오피아 정교를 믿는 것처럼 기독교의 영향은 절대적이다. 심지어 6세기경 수도자로 인생을 바꾼 왕도 있을 정도다. 540년까지 지배한 칼렙 왕은 당시 가장 부유하고 강력한 왕 중의 한 명이었다. 당시 페르시아와 비잔틴 왕국만이 경쟁자였다. 하지만, 아라비아의 순례 이후 왕관을 예루살렘의 교회 묘지 위에 걸고, 왕

곤다르의 여인

좌를 포기했다. 그리고 악슘의 북쪽 끝자락에 있는 'Abba Pentalewon Monastery'에서 남은 여생을 수도자로 살았다.

또한 악슘 왕조 후기에 이슬람도 유입하기 시작한다. Mohammed 예언자가 에티오피아 여인으로부터 양육 받던 중, 615년에 Hadith라는 무슬림이 모하메드에게 그의 운명을 얘기하고, 자신의 추종자를 아라비아 반도의 박해를 피해 보내게 된다. 당시 이들은 네가쉬에 정착한다. 현재까지 네가쉬는 에티오피아에서 무슬림의 성지이다. 아라비아의 박해가 끝난 후에 많은 무슬림들은 돌아갔지만, 많은 사람들은 남아서 이슬람을 전파했다.

아랍 왕조의 시작 이후, 무역의 중심은 악슘에서 홍해를 건너 아랍으로 옮겨지기 시작했고, 에티오피아의 경제는 가라앉기 시작했다. 혹자들은 악슘 왕조의 멸망 원인을, 지나친 인구 증가로 농경지가 황폐해지면서 농작이 불가능해졌다는 의견도 있고, 군사적으로 북서쪽의 Beja 족 같은 이민족의 침입으로 무너졌다는 의견도 있다. 에티오피아 인들이 믿는 전설에 따르면, 9세기경 이교도 유대인인 Gudit 여왕이 기존의 왕을 죽이고, 도시를 불태우고 비석들을 파괴했다고 한다. 결국 750년 악슘 왕조는 무너졌고, 1137년 Zagwe 왕국이 시작할 때까지 400년간 암흑시기를 겪게 된다.

악슘 왕조가 8세기에 무너지고 약 400년간의 암흑기를 지나 12세기경부터 랄리벨라또는 Zagwe 왕조가 시작한다. Zagwe 왕조는 왕국을 통일하고 랄리벨라 인근의 라스타 산의 아다파Adafa 지역에 수도를 정한

(좌) 근대의 테오도로스 황제
(우) 테오도로스 황제의 근위병

영국군에 패해 권총 자살한 테오도로스 황제

다. 비록 이 왕조는 1137년부터 1270년까지 짧은 시간만 존재했으며, 악숨 왕조와 곤다르 왕조에 비해 자료도 많지 않고 화폐나 연대기, 외국인에 의해 기록된 자료도 없다. 하지만, 아름답고 신비로운 암굴교회를 지음으로 후대에 널리 유명해졌다. 이 교회는 랄리벨라 왕이 죽은 이후 이를 추모하기 위해 지었다. 이 왕은 전설에 의하면 자신의 이복동생에 의해 독살당할 뻔하다가 가까스로 살아나고, 혼수상태에서 천국을 다녀왔다. 그리고 신으로부터 에티오피아에 예루살렘과 같은 성지를 건설하라고 명을 받았다. 현재에도 랄리벨라 시의 지명은 예루살렘과 유사하다. 요르단 강, Calvary, 아담의 묘비 등이 있다. 이후 1270년 랄리벨라 왕조가 무너진 요인은 확실치 않지만, 결국 최종적으로 남쪽 Shoa 지방에서 온 Yekuno Amlak이란 유목민 군사 정권에 의해 정복되고 만다. 이후 곤다르 왕조까지 에티오피아에 500년간의 중세가 시작된다.

곤다르의 역사는 1636년, Fasiladas 황제가 모든 외국 세력을 몰아내고 수도로 선포하면서부터 시작했다. 이후 17세기가 끝날 때까지 아름다운 성과 정원, 주변의 넓은 농경지로 이름을 떨쳤다. 또한 세 개의 주요 카라반 노선 교차점이었다. 에티오피아에 악숨 왕조에 이은 황금 시기

(좌) 메켈레를 수도로 삼은 요하테스 4세 황제
(우) 아디스를 수도로 삼고 이탈리아 군을 물리친 메넬리크 2세 황제

를 이루었다. 또한 호화로운 축제와 의식은 주변 국가의 사람들과 부유한 무슬림들까지 곤다르로 오게 만들었다. 또한 예술과 공예, 건축도 발달하여 Debre Berhan Selassie 같은 교회와 타나 호수 주변에 있는 수도원의 교회들도 이 시기에 만들어졌다. Fasilada 황제 사망 당시, 도시 인구는 65,000명에 이르렀다. 이후 1706년부터 1721년까지 세 명의 군주가 독살되거나 바뀌는 혼란스러운 시기를 지나, 1721년부터 1730년까지 Bakaffa 황제에 의해 두 번째 전성기를 맞는다. 하지만, 1755년 이야수 2세 황제의 죽음으로 곤다르 왕조는 다시 혼란에 빠진다. 그리고 종족 간의 반목은 심해져서 오로모족과 티그라이 족의 지도자 Mikael Sehul 사이의 세력 다툼으로 중앙 정부는 분리된다. 이후 1784년부터 1855년까지 곤다르 왕조의 황제는 각 지역의 영주와 군대에 의해 꼭두각시로 전락한다. 결국 국가는 분리되고 내전에 발생하면서 곤다르 왕조는 붕괴하게 된다. 이후 에티오피아는 다시 암흑의 세계로 빠지게 된다. 근래 들어 곤다르 유적에 두 번의 큰 위기가 있었는데, 1880년 수단의 군대에 의해서 약탈당하고, 1941년 독립 운동 당시 영국군의 폭탄세례였다. 다행히도 곤다르 왕조의 건축물은 비교적 잘 보존되어 있어, 관광객에게는 더할 나위 없는 명소가 되었다.

한국전에 군대를 보낸 외교의 달인,
하일라 셀라시에 황제

　에티오피아 여행은 크게 북부의 역사 및 문화 유산, 남부의 자연 및 민속 유산, 동부의 이슬람 문화 등으로 나누어 볼 수 있다. 서부는 문화 및 자연 유산이 부족하고, 국경 지대는 치안이 불안하여 추천하진 않는다. 북부의 주요 관광지로는 악숨의 고대왕조 유적, 랄리벨라의 중세 암굴교회, 곤다르의 성, 곤다르 인근의 시미엔 산, 메켈레의 다나킬 사막, 바흐다르의 타나 호수가 대표적이다. 이 중 하나만 꼽으라면 랄리벨라가 가장 인상적이라고 할 수 있다. 남부의 주요 관광지로는 아르바 민치와 인근 지역의 토착 부족들, 아와사의 호수와 하일라 리조트, 랑가노 호수와 리조트들, 티야, 아다디, 멜카 같은 아디스 근교 유적지들이 있다. 전반적으로 남부의 관광지들은 휴양을 즐기는 리조트 위주로 다닌다고 생각하면 될 것이다. 마지막으로 동부의 주요 관광지로는 무슬림 도시인 하라르, 야생동물을 자랑하는 아와시 국립공원, 호수가 있는 리조트 도시 데브리 자잇 등이 있다. 하지만, 국립공원은 관리 소홀로 인해 야생동물을 찾기가 힘들고 오릭스와 가젤 정도가 전부이다. 공원 내에서 현지 주민들이 가축을 기르고 농사를 짓는 등 많은 야생 동물이 사라지고 있다.

　보통 현지 여행사를 수도에서 정할 수도 있으나, 경제적으로는 지방 도시에 도착하여 예약한 숙소로 체크인 한 후, 주요 관광지 앞의 입구에서 지역 가이드를 결정하는 것이 비용을 아낄 수 있다. 교통편은 항공편이 유용하나, 필자의 경우 개인 차량으로 모두 다녔다. 항공편 이용시 각 지역 호텔들의 픽업 서비스는 한국보다 잘 되어 있으며, 호텔에서 스케줄을 직원들과 물어 보며 정하는 것이 합리적이다. 만약 시외 버스를 이용할 경우 현지인들의 냄새와 딱딱한 의자에 장시간 앉아있을 각오가 필요하다. 또한 간혹 소매치기 같은 불미스러운 일도 있으니 주의가 필요하

아디스아바바 대학교 안에 있는 JFK 기념 도서관

다. 지방 도시로 들어가면 시내에는 바자지[1]들이 많으므로 택시처럼 이용이 가능하나, 랄리벨라엔 바자지가 없다.

끝으로 에티오피아 여행은 생각보다 쉽지 않으며, 길을 다니면서 치근덕대는 꼬마 아이들이나 '짜이나'라고 부르며 조롱하는 사람들도 많다. 하지만, 다시 한 번 생각해 보면 이러한 문화 및 자연 유산들은 한국에서 결코 경험하고 느낄 수 없는 것들이고, 인생에서 한 번쯤 들러 볼 가치가 있다. 어떻게 보면 시계를 거꾸로 돌려 과거로의 여행이라고 생각하면 될 것이다. 진정으로 에티오피아를 사랑하고 즐긴다면 때론 무례하지만, 순박하고 선량한 에티오피아인 모두를 안고 가야 하는 것이다.

---

1 오토바이 개조 차량으로 아프리카의 툭툭. 요금은 2비르이나 외국인들에게는 대개 흥정을 하여 더 받는 경우가 있음

▲ 다정한 커플과 친구들
▼ 에티오피아에서 가장 럭셔리한 쉐라톤 호텔

두번째
#아디스를 가슴에 품다

MINISTRY OF TRANSPORT

새로운 출발

2012. 8. 27. – 2012. 9. 9.

2012/08/27 월

　　라스 데스타 병원으로 첫 출근이다. 지금 에티오피아는 지난주 화요일 20년간 통치한 멜레스 총리가 만 57세에 뇌 종양과 위 천공으로 갑작스러운 서거 이후 뒤숭숭하다. 이제 무슬림 내지 오가덴, 감벨라 같은 반정부 지역에서 각종 소요 사태가 일어날 것이라는 등, 흉흉한 소문이 돌고 있다. 특히 오로모 지역의 분리주의자들 내지 무슬림들이 반정부 세력을 형성하고 있다. 실제로 7년 전인 2005년에도 비슷한 일로 총기 난사 사고가 일어났었다. 당시 시위 중 수십 명이 사망하고, 현 정부는 야권 인사들을 투옥했다. 그리고 들리는 소문에는 당시 총선에서 멜레스의 지지율이 삼분의 일 이였음에도 불구하고 투표 결과를 조작했다고 한다. 시내에도 경찰들이 쫙 깔려 있다. 외국인들은 달러 보유를 늘리고 은행 예금을 인출하고 있다. 하지만, 반정부 세력 못지 않게 추모 열기도 뜨겁다. 메켈레를 비롯한 멜레스의 고향인 티그라이 주에선 영웅이기 때문에, 모든 상점이 문을 닫고 사람들이 추모 집회를 열고 있다. 물론 아디스에서도 시내 곳곳에 추모 행사가 열리고 있고, 길거리에는 천막들이 일주일이 넘는 동안 쳐져 있다.

병원에 도착하자 마자 의사들의 전체 회의에 참석했다. 주로 병원 전체의 입원, 응급 환자에 대한 토의가 주를 이룬다. 회의가 끝나고 내 소개를 하고 가족처럼 지내길 바란다고 했다. 그리고 병원 행정 책임자인 솔로몬을 만나 인사를 나누고, 피부과 외래로 향했다. 라스 데스타 병원은 피부과 의사는 없지만, 6개월간 피부과 병원에서 수련을 받은 알레마요라는 일반의가 피부 환자를 보고 있었다. 아마 그 사람의 입장에선 내가 조금 부담스러울 수 있을 것이다. 어쨌든 난 그 분의 일에 전혀 방해나 부담을 주고 싶진 않다. 오늘은 인사와 소개 정도로 하고 내일부터 인수인계 작업이 시작될것이다.

어쨌든 나는 아디스로 지난주 이사 이후, 열쇠 교체, TV 수신을 위한 위성 안테나 설치, 수도 및 보일러 보수 등 여러 잡일로 바빴다. 한국에서 쉽게 해결할 일이 여기서는 몇 번씩 사람을 오가게 하고 그렇게도 해결이 안 되는 경우가 많다. 하지만, 위성 안테나 설치는 생각보다 수월하게 되었는데, 집주인이 고장 났다고 창고에 버려둔 접시를 내가 꼭지점에 있는 리시버만 새 것으로 갈고 메켈레에서 가져온 셋탑 박스를 연결하니 작동한다. 저렴한 비용으로 잘 막았다. 사람들 말을 들어 보니 접시는 모양만 잘 만들면 은박지로도 할 수 있다고 한다.

오후에 와이프와 함께 아이들을 보낼 만한 좋은 유치원에 가보기로 하였다. 빙엄Bingham, www.binghamacademy.net 유치원이 좋다고 하길래 가 보았다. 영국 캠브리지 대학교 부설이다. 골페Golfe 라운드 어바웃의 사거리에서 동쪽 방향으로 빠지면 다시 사거리가 나오는데, 여기서 좌회전을 하면 나온다. 방문해 보니 널찍한 잔디와 시원한 풍경은 한국에선 결코 볼 수 없는 환경이다. 좁은 곳에서 바글바글 공부하는 한국 아이들이 불쌍하다는 생각이 든다. 하지만, 매니저를 만나니 매년 입학생 모집은 1~2월에 이루어지고 이 기간에 1년치 등록을 한다. 만 4세부터 7세까지 KG1-3으로 시작해 12학년까지 있다. 우리 아이들의 경우 연간 등록금은 3,000달러가 조금 안 되는데, 한 달 20~30만 원 가량으로 아주 비싸진 않다. 하지만, 에티오피아 시세로 따지면 가장 비싼 축에 속한다. 입학이 어렵다는 설명에 실망은 했지만 온 김에 유치원 놀이터에서 실컷 놀고 돌아왔다. 내일부터 다른 유치원을 알아봐야 할 것이다. 오는 길에 이번 주에 방문하실 아버님 비행기표를 끊었는데, 코이카 사무실 바로 옆 ADOT 빌딩 1층에 있는 ABBA 여행사에서 끊으면 코이카 단원들에게 5% 할인을 준다. 에미레이트 항공 왕복이 2,100달러가 조금 못 미치고 비르로 계산할 수 있다.

ABBA 여행사 사무소가 있는
ADOT 빌딩

명성병원(Korean Hospital)

2012/8/28 화

　　발라초카사란 이름을 가진 드라이버를 고용했다. 지인을 통해 구했고
월급은 월 1,600비르에 합의를 보았다. 초보 치고 약간 많은 금액이지
만, 사실 유럽이나 구미의 사람들은 더 많이 준다고 한다. 아직 내 차에
익숙하지 않아 출발이 불안하다. 사람은 깍듯하고 최선을 다하는 모습이
보이지만, 편안한 운전을 위해선 며칠 더 걸릴 것 같다. 잘 하는 사람을
소개받으면 실력은 좋더라도 그만큼 대우를 더 해 줘야 하고, 부담스러울
수 있지만, 이런 면에선 이 친구가 나을 수 있다.

　　병원 출근 후 닥터 알레마요의 진료를 참관했다. 일반의가 피부과 환
자를 보는데 예상대로 내가 있으니 부담스러운가 보다. 하지만, 알러트 병
원에서 6개월간 수련을 받은 지라 예상보다 훌륭하다. 하지만, 결국 후반
부는 나한테 환자를 넘기고 다음부터 피부과 환자는 나보러 보라 한다.

　　다른 협력의 선생님의 소개로 최사장님이란 분과 점심 식사를 함께
했다. 라스 데스타 병원의 건너 편에 있는 예루살렘 호텔에서 했는데, 식

사는 그럭저럭 할 만하다. 이 분은 가발 공장을 운영하시는 부산 분이시다. 인생 역정이 참으로 긴 분이시다. 6년째 공장을 운영하시면서 처음 자리 잡을 때까지는 무수한 사연이 있었다고 하신다. 그리고 아디스에도 외곽지역에는 아직 하이에나가 많이 있으니 밤길을 조심하라고 하신다. 공장 직원들도 늦게 끝나면 아예 다음 날 해 뜰 때까지 집에 가지 않는다고 한다. 얼마 전 한 직원은 개에 물려서 죽었다고 한다. 오는 길에 명성병원 원장님을 뵈었다. 이제 다음 달부터 의과대학이 개교한다. 올해는 예과 1학년만 선발하고 피부과 교과 과정은 보통 의대 졸업반에서 배우기 때문에 내가 도울 일은 없다고 한다. 보통 피부과 교과 과정은 졸업반에서 다루기 때문이다. 에티오피아 최초의 외국인이 설립한 한국 의과대학이 잘 성장하길 바란다.

2012/8/29 수

식구들과 시내 동물원을 가 보았다. 드라이버는 사자 동물원이라고 한다. 동물원 안에 가면, 원숭이와 대머리 황새를 비롯한 약간의 새가 있지만, 결국 사자가 거의 대부분이기 때문이다. 국립 박물관 인근에 있다. 입장료는 ID 카드 할인을 받아 5비르다. ID 카드가 없다면 20비르다. 무비 카메라가 있으면 추가비용을 내지만, 없다고 해도 들키진 않을 것 같다. 사자 우리가 한국과 달리 관람객들과 가까이 있고 사람들은 낮잠 자는 사자를 깨우려고 소리도 지르고 침도 뱉고 한다. 이 또한 또 다른 볼거리다. 동물원 한 켠에는 애들을 위한 놀이기구를 모아 놓은 작은 놀이공원이 있다. 솔직히 우빈이는 사자보다 이게 더 재미있나 보다.

오는 길에 칼Karl 스퀘어 인근에 있는 ICSInternational Community School에 들러 보았다. 이 학교는 아디스에서 제일 비싼 학교이고 유치원보다는 초, 중, 고로 유명한 학교이다. 사실 다니기 보단, 비싼 학교가 어떤지 구

사자 우리 앞에서 우는 우빈이

사슴에 먹이 주는 우빈이

사자 동물원 안의 놀이기구

경 가 본 셈이다. 삼엄한 경비와 웅장한 담을 넘어 문으로 들어가면 넓은 주차장과 운동장, 세련된 시설은 여기가 에티오피아인가 싶다. 상담실에 들어가니 유창한 영어를 자랑하는 상담직원이 나를 반긴다. 하지만, 등록을 물어보니 빙엄처럼 역시 모두 마감되었고 내년 1월에나 시작한다고 한다. 금액은 차마 물어보지 못했지만, 아마 한국의 비싼 유치원처럼 월 천 달러 이상은 할 것이다. 대신에 아디스에 있는 모든 영어 유치원이 들어있는 목록을 나에게 주었다. 이 중 Parrot이라는 캐나다 대사관 뒤편에 있는 곳에 가 보았다. 하지만, 우기이고 방학이라 아직 열지 않았다. 내일 다시 알아 볼 것이다.

2012/8/30 목

본격적인 진료를 시작했다. 사실 라스 데스타 병원은 피부과로 유명한 병원이 아니다 보니 아직 환자가 그리 많진 않다. 환자가 십여 명에 불과하고, 피부과 진료 관련 셋팅은 전혀 되어 있지 않다. 이는 앞으로 내가 할 일이다. 진료 중 알레마요가 들어와서 이것저것 물어본다. 기본적으로 외국인에게 친절한 분들에게 감사할 따름이다.

내가 진료를 보는 동안 애기 엄마는 애기들을 데리고 NEPS New English Private School이란 노르웨이 대사관 건너편에 있는 유치원과, School of nations라는 사르벳 인근의 유치원을 가 보았다. 하지만, 결과는 실망스러워, 빙엄과 ICS에 비하면 하늘과 땅 차이라고 한다. 귀신 나올 것 같은 시설에 메켈레의 머르하 뜨밥만도 못하다. 하지만, 가격은 석 달에 각 5,100비르, 1,200USD 달러라고 한다. 물론 교재와 등록비는 별도다. 가격에 적절한 수준을 제공하면 등록을 하겠지만, 그렇지 않아 우린 포기했다. 같이 간 포텐은 가격에 다시 한번 놀랐다. 어제 쇼아 마켓에서 생선 한 마리가 900비르인 것을 보고 놀랐었다. 메켈레로 돌아가고 싶다고 한다. 어쨌든 결국 우린 유치원은 접고 다른 놀이 시설이나 스포츠 시설로 알아봐야 할 것이다. 오는 길에 세탁기 수리를 맡긴 가게에 가 보았으나KAT. 토탈에서 또라 롯지로 올라가는 길 오일리비아 주유소 지나서 있는 전자 제품 수리점 주인이 없다. 이미 금액을 받았으니 더 이상의 수리는 불가하다는 뜻일 것이다. 오늘은 여기 저기 많이 다녀 보았으나 성과가 없다.

2012/8/31 금

2차 현장사업 심의 위원회가 열렸다. 사실 심의 위원회가 거창하게 무언가를 하기 보다는 단원들의 현장사업을 같이 공유하자는데 의의가 있다. 나 또한 내가 무언가를 한다기보다 다른 단원들의 사업을 검토하면서 내가 할 수 있었던 실수를 같이 보게 된다. 이러한 위원회는 에티오피아만 있다고 한다. 각 분야 단원들의 총 5개 사업 발표를 경청했다. 이 중 교육 기자재 지원, 창업 지원센터 건립, 인터넷 광케이블 설치, 건축 교육 환경 개선 등 다양한 주제가 오고 갔다. 창의적 아이디어 역시 심사의 중요한 요소로 모두들 신선한 생각을 보여 주었다. 하지만, 모두가 쉽게 할 수 있는 오류 중 하나가 물품 원조의 차원에 머무르던지, 아니면 자신이 속한 분야 외의 지원 사업으로 초점이 벗어나는 경우가 있다. 내가 보건 의료 분야 위원으로 사업을 하더라도 같은 실수를 범했으리라 생각한다. 하지만, 아직 모두가 배우는 단계이고 이러한 실수들을 통해 앞으로 더 큰 일을 할 수 있을 거라 생각한다.

저녁에는 다른 협의 세 가족을 초청해 집들이를 했다. 사실 우리 집은 아디스 서북쪽에 있는 또라 롯지 인근의 캐나다 대사관 관저 앞에 있다. 위치는 좋지 않지만, 정원과 나무가 너무나 아름다운 집이다. 메켈레에서 우리 식구를 도와주던 포텐을 데려왔는데, 역시 훌륭한 요리 솜씨를 보여주었다. 다들 집이 너무 이쁘다고 한다. 포텐이 있으면 밖에서 식사하는 비용으로 몇 배의 근사한 식탁을 보여줄 수 있다.

2012/9/1 토

　2,500m 고지 아디스의 아침은 너무 춥고 비가 많다. 메켈레에도 물론 우기가 있지만, 고도가 낮아 이만큼 춥진 않고 우기도 짧다. 식구들은 다들 잠바를 껴입고 잔다. 아프리카라고 반팔만 들고 오면 큰 코 다칠 수 있다. 오후에 공항으로 아버님 마중을 나갔다. 일주일간의 휴가를 이용해 손주들을 보러 오신 것이다. 아마 일주일 동안 우리 식구들도 이리저리 아디스 구경을 다닐 것이다. 도착하자 마자 큰 애는 여덟 달 동안 보지 못했음에도 기억이 나는지 반가워하고 눈물까지 흘린다. 그리고 큰 가방에서 각종 장난감과 과자가 나오니 애들 둘은 할아버지 옆에 딱 붙어 떨어지질 않는다. 이 일주일은 우리 부부에게 또 다른 휴가를 줄 수 있을 것이다.

　저녁에 DIMMA라는 현지식당을 가 보았다. 토탈 스퀘어에서 동쪽 방향으로 노르웨이 대사관저 전에 있는 간판이 쉽게 눈에 띄는 식당이다. 앞에는 무대가 있어 매일 현지 춤과 노래를 보여 주지만, 요즘은 국장 기간이라 조용하다. 들리는 소문에 어느 식당에서 춤과 노래를 하다 손님들에게 돌팔매를 당했다는 이야기도 있다. 양고기를 비롯한 뜹스 세 종류를 주문하고 '떠찌'라는 벌꿀 술도 주문했다. 아버님은 예전 중동에서 수 년간 근무하신 경험이 있으셔서 그런지 양고기를 잘 드신다. 그리고 둘째 우인이가 특히 고기를 좋아한다. 식사를 마치고 500비르 넘는 비용을 지불했다. 메켈레 거자 걸라세와 비슷한 비용이다.

DIMMA_현지식당

FAMIGLIA TYPE TURCO TYPE USA TYPE BAR TYPE SWEDISH TYPE

토모카_커피 전시관

2012/9/2 일

아버님을 모시고 시내 드라이브를 나가 보았다. 먼저 집과 가까운 메르카토를 비가 오는 바람에 걷지 않고 차 안에서 구경했다. 메르카토는 아디스에서 제일 큰 재래시장이고, 아디스 사람들은 아프리카에서 제일 크다고 한다. 나의 첫 느낌은 동대문 시장 같았다. 메켈레의 아디 하키 마켓같은 재래시장을 상상했으나, 생각보다 건물들이 현대화 되었다. 메켈레처럼 진흙바닥에 보자기를 펼쳐 놓고 파는 사람은 별로 많지 않다. 어쨌든 사람들은 메르카토에선 모든 물건을 구할 수 있다고 한다. 음식, 장신구, 폐타이어로 만든 신발, 그릇, 러시아제 기관총부터 낙타까지, 심지어 훔친 물건을 파는 장물 시장까지 시장 구경 다니기 좋아하는 사람은 한 번쯤 구경할 만 하다. 크기도 커서 하나하나 꼼꼼히 살펴보면 하루 이틀은 훌쩍 갈 것이다. 특히 토요일이 제일 물건이 많고 사람도 북적댄다. 하지만, 소매치기가 많다고 하니 주의는 필요하다. 메르카토가 끝나고 피아자로 가는 길에 아름다운 지붕을 가진 이슬람 사원이 눈에 띈다. 이 모스크가 에티오피아에서 제일 크다고 한다. 역시 수도답다. 또 피아자 가는 길에 한국의 명동 성당같은 가톨릭 성당을 발견했는데, 이 또한 에티오피아에서 제일 크다고 한다. 역시 수도답게 건물의 완성도가 지방 도시보다 높다. 하지만, 이 모스크와 가톨릭 성당은 훗날을 기약하고 건너뛰었다.

토모카_커피 향을 내는 떼나땀

아디스아바바대학교 정문

다음으로 피아자에 있는 토모카를 방문했다. 외국인들에게 유명한 커피 가게이고, 250g 봉지를 42비르에 살 수 있다. 로스팅한 것과 가루를 골라서 살 수 있다. 생두는 원칙적으로 개인적인 수출이 금지되어 있기 때문에, 구할 수 없다. 토모카에서 커피를 마시던 중, 옆에 있는 사람들이 작은 잎줄기를 커피가 나오면 한 번씩 담가서 먹는 것을 보았다. 재밌어서 사진을 찍고 이름을 물었더니 '떼나땀'이란 이름의 풀이라고 하고, 커피 향을 상큼하게 만든다고 한다. 이 단어의 의미는 '아담에게 건강을health for Adam' 이라고 하고, 에티오피아의 남성들이 특히 좋아한다.

다음으로 아디스아바바 대학교의 박물관으로 향했다. 작년에 성민이가 좋다고 추천했기 때문이다. 사실 인근에 있는 국립 박물관을 작년에 보고 우리 식구들은 실망했기 때문에 큰 기대는 하지 않았다. 하지만, 예상을 깨고 웅장한 볼거리를 주었다. 먼저 아디스아바바 대학교의 아름다운 정원이 눈에 띄고, 이 정원을 지나 캠퍼스의 끝자락에 박물관이 자리하

아디스아바바 대학교 박물관 정문에서 바라본 사자 조각

고 있다. 사실 이 박물관은 하일라 셀라시에 황제 시절 궁궐로 쓰였다. 즉
40년 전까지만 해도 황궁이었던 셈이다. 정문 건너편에 나선형의 계단 모
양 장식이 눈에 띄는데, 이는 이탈리아 무솔리니의 하늘로 올라가는 지배
와 위엄을 나타낸다. 하지만, 맨 꼭대기에 에티오피아 군주제의 상징인 유
다왕의 사자 동상이 놓여 있다. 이는 이탈리아의 지배에 마침표를 찍었다
는 의미로 해석할 수 있다. 실제로 이탈리아 지배 시절 이탈리아군은 이
궁을 점령하고, 제일 처음 한 일이 궁에서 키우고 있던 사자들을 모두 죽
인 것이다. 그만큼 사자는 에티오피아 황실의 상징이기 때문이다. 이제 실
내로 들어가면 이 궁과 박물관에 대한 포스터 패널이 여러 개 보인다. 이
를 찬찬히 읽으면 1930년대부터 70년대까지 하일라 셀라시에 황제 재임
시절의 역사를 간략히 볼 수 있다. 이 패널을 지나면 정면에 도서관이 눈
에 띄고 왼편의 복도로는 대학 총장실이 보인다. 이 곳들은 관광객들에게
출입금지다. 오른편의 복도로 들어가면 이제 박물관의 티켓 오피스가 보인

아디스아바바 대학교 박물관 입구의 나선형 계단과 방패들

다. 일인당 50비르의 입장료지만, 운 좋게도 직원이 없어 다른 직원이 그냥 들어가라고 한다.

티켓 오피스를 지나 바로 계단을 오르는데, 벽에 방패들이 걸려 있다. 조각들이 너무 섬세해 이 방패를 가지고 전쟁할 때 부서지면 아까울 것이다. 이 계단을 지나면 전시물은 2층과 3층에 있다. 먼저 2층에는 에티오피아 각지에서 온 토속 물건들이 전시되어 있다. 수공예품, 생활용품, 그리고 한국의 장승배기와 같은 것들이 은은한 조명과 함께 보인다. 그리고 2층의 끝자락엔 황제와 가족들이 쓰던 침실과 욕실이 원형 그대로 보존되어 있는데, 예전에 은또또 정상에서 보던 메넬리크 황제의 검소한 궁이나 곤다르 성보다 더욱 화려하다. 이제서야 왕이 살았다는 것이 실감난다. 2층을 끝내고 3층을 올라가면, 역시 각지에서 올라온 그림들과 두루마리 문서가 전시되어 있다. 주로 성경과 관련된 내용들이다. 옆에 영문으로 된 설명도 동판에 새겨져 있어 쉽게 이해할 수 있다. 어쨌든 이 박물관은 전시가 세련되고 수집품의 양도 상당해, 에티오피아를 처음 왔을 때, 그리고 전국을 둘러 보고 끝날 때 두 번을 보아도 아깝지 않을 것이다.

아디스아바바 대학교 박물관의 농기구.
아디스아바바 대학교 박물관에 전시되어 있는 마을의 수호 조각상

아디스아바바 대학교 박물관의 전쟁 벽화

에드나몰 라운드 어바웃

다음으로 프렌드쉽 마켓Friendship Market으로 향했다. 공항 인근 볼레 로드 큰 길가에 있는 것으로 한국의 어느 마트 못지 않게 크다. 다만 눈에 띄는 것은 계산할 때 보니, 타자 치는 사람, 바코드 찍는 사람, 봉지에 넣어주는 사람까지 한 카운터에 세 명이 일하고 있다는 것이 한국과 좀 다르다.

그리고 약속 시간이 남아 역시 볼레에 있는 에드나몰EDNA mall로 향했다. 애들이 좋아하는 놀이기구가 있기 때문이다. 라운드 어바운 한가운데 에드나 몰이라 적힌 탑이 여러 개 놓여 있다. 그리고 멀티플렉스 영화관도 있어 최신 할리우드 영

에드나몰 멀티플렉스 건물

화 3개를 동시 상영한다. 실내 놀이공원에 들어가 보니 6비르 코인, 내지 12비르 티켓을 사면 한국 오락실에 있는 자동차 경주, 오토바이, 회전목마와 범퍼카, 공중 부양 시키는 놀이기구를 즐길 수 있다. 메켈레의 마 어뮤즈먼트 파크와는 비교도 안 될 정도로 시설이 깨끗하고 훌륭하다. 에드나몰을 나오면 남쪽 편으로 커다란 돔 세 개를 가진 근사한 교회가 보이는데 이는 메드한 알렘Medhim Alem 교회로 에티오피아 정교회 교회다. 이 지역의 랜드마크 역할을 한다. 첫 아디스 시내 탐방으로 바쁜 날이었다.

볼레의 메드한 알렘 교회

2012/9/3 월

멜레스 총리의 장례식이 거행되었다. BBC를 비롯한 외신들은 이 장례식을 중점 보도하고 있고, 각국에서 조문단을 파견했다. 한국도 외교통상부 장관께서 오셨고, 대통령 또한 친한파인 멜레스 총리의 죽음에 애도를 표하셨다. 시내에 나가 보면 각국의 귀빈들께서 많이 오셔 그런지, 교통 통제가 심하고 가끔씩 검은 대형차와 앞뒤로 삼엄한 경비를 펼치는 순찰차 행렬이 자주 보인다. 아마 대국들의 외교 사절단들일 것이다. 아디스는 세계에서 두 번째로 대사관이 많은 나라이고 아프리카 유니온의 본부가 있는 아프리카 외교의 중심지이기도 하다. 이 장례식 이후 어떠한 정치적 변동이 일어날지는 아무도 모른다. 어쨌든 현 총리 대행을 맡고 있는 하일라 마리암 외교부 장관이 다음 선거가 있는 2015년까지 총리 대행을 수행하고 3년 뒤 새로운 총리를 선출한다. 혹자는 멜레스 총리가 20년간 집권하면서 대응할 만한 반대세력이 존재하지 않기 때문에 별 일은 없을 것이라고 한다. 길거리에는 총리의 고향인 티그라이는 물론이고 아디스에서도 멜레스를 추모하는 포스터와 현수막이 가게 입구 내지 골목 입구에 붙어 있다.

늦은 오후 아리랑 한식당 옆에 있는 칼디스Kaldi's 커피 전문점에 가 보았다. 이 곳엔 애기 놀이방이 있기 때문이다. 아마 놀이방이 있는 유일한 아디스의 커피숍일 것이다. 칼디는 신화에 나오는 커피를 처음 발견한 목동의 이름이다. 처음엔 칼디스 가게의 녹색 트레이드 이미지는 스타벅스와 비슷하다고 생각했는데, 알고 보니 오히려 스타벅스가 칼디스를 보고 따왔다고 한다. 때론 선진국이 후진국을 모방하는 경우도 있나 보다. 하지만, 요즘 애플과 삼성의 특허 분쟁처럼 과연 칼디스가 스타벅스를 상대할 수 있을지 모르겠다. 특허권도 결국은 국력의 대결이 아닌가 싶다.

라스 데스타 병원에 아버님을 비롯한 식구들이 견학했다. 라스 데스타 병원은 사실 시설이 낡고 오래된 시립 병원이다. 예전 하일라 셀라시에 황제의 공주가 쓰던 건물이기도 하다. 그리고 진료비도 거의 무료에 가까워 가난한 환자들이 주로 찾는 병원이다. 크게 보여 줄 것은 없지만, 이런 환경에서도 나름 다들 열심히 산다는 것을 보여줄 뿐이다.

점심은 피아자 인근의 브리즈 아일랜드를 택했다. 한국인 단원들에게 유명한 패밀리 레스토랑이다. 피자와 Meta Premiun이란 새로운 맥주를 주문해 보았다. 그리고 오후에 식구들과 은또또 산을 갔으나 비가 많이 와 입장권을 끊지는 않고 꼭대기에 있는 교회만 한 바퀴 둘러 보았다. 사실 아디스 관광에서 가장 상식적인 관광 코스가, 은또또 산으로 시작해서 국립 박물관, 트리니티 교회, 메르카토로 이어지는 것이 가장 흔한 코스다. 사실 국립 박물관보다 아디스아바바 대학교 안에 있는 박물관이 더 훌륭하고 좋은데 왜 이 코스가 여행사에서 가장 선호하는 코스인지는 잘 모르겠다.

라스 데스타 병원

2012/9/6 목

아직 환자가 많지 않다. 간호사는 걱정 말라고 한다. 이젠 에티오피아 인들의 걱정 말라는말을 잘 믿진 않지만, 시간이 지나면 점점 많아질 것이다. 진료 시간이 한산하여, 중간에 나와 보니 간호사들끼리 버터를 들고 신나게 얘기하고 있다. 간호사 지인 중에 어느 할머니가 버터를 들고 와서 간호사들한테 팔고 계시는 것이었다. 나도 얼씨구나 싶어 버터 1kg에 130비르를 주고 사 보았다. 보통 가게에서 사면 200비르 이상 줘야 한다. 하지만, 말 그대로 유기농 천연 버터라, 세 번 3분 내외로 끓이고 식히는 과정을 반복하고, 필터로 걸러야 먹을 수 있다고 한다. 그리고 끓일 때 기호에 따라 소금이나 다른 양념을 첨가한다고 한다. 아마 포텐은 이 버터로 라자냐를 만들 것이다. 요즘 포텐은 라자냐 만드는데 재미를 붙였는지, 밀가루와 치즈, 버터로 순수한 수제 라자냐를 잘도 만든다. 이런 맛에 아프리카를 사는 가 싶기도 하다.

'쓴느크' 또는 '자할라'

저녁에 아버님을 모시고 사르벳 인근에 있는 요드 아비시니아Yod Abyssinia 음식점을 방문했다. 한국으로 치면 전통 공연을 볼 수 있는 한 정식집과 같은 곳이다. 가격은 지난 토요일에 갔던 딤마와 비슷하다. 하지만, 분위기가 밝고 음식은 더 다양해, 사람들이 왜 이 음식점을 최고로 치는지 알 것 같다. '트리페Tripe'를 주문하니 양의 내장이 삶아져서 나온다. 매콤한 게 한국 곱창을 생각나게 한다. 이 이름은 가축의 내장을 의미하는 영어 단어다. 현지 직원들도 잘 알아듣는다. 그리고 암하릭어로 '쓴느크', 티그라이어로 '자할라'라 불리는 요리도 한국인 입맛에 잘 맛는데, 고추를 갈라 안에 양파와 토마토 다진 것을 넣은 요리다. 식전에 입맛을 돋운다.

그렇지만, 공연시 음악을 쉬는 시간도 없이 너무 시끄럽게 틀어 이야기를 할 수 없다는 단점이 있다. 식사를 마치고 칼 스퀘어에 있는 구벤 Guben 까페에 들러 케이크와 생강차 비슷한 구벤 티를 주문해 하루를 마무리 지었다. 이 구벤 까페는 메켈레에서 절대 보지 못했던 서울 방배동의 찻집을 생각나게 할 정도로 고급스럽고 가격도 괜찮은 편이다.

요드 아비시니아_현지식당

2012/9/7 금

아버님과 함께 마지막으로 쉐라톤 호텔의 사우나와 수영장을 들렀다. 지난 며칠 우리 집의 워터 펌프 위에 붙어 있는 수압을 올려줄 수 있는 부스터가 고장나는 바람에 고양이 세수만 하셨기 때문이다. 수리공이 와서 일단 연결을 끊어 놓았고, 현재 시에서 제공하는 수압으로만 물을 쓸 수 있다. 어쨌든 호텔 수영장과 사우나 콤비는 일인당 350비르고 3세 이상 아동도 150비르를 내야 한다. 비록 비용은 비싸지만, 생각보다 물이 따뜻하지 않다. 쉐라톤과 힐튼 두 곳만이 에티오피아에서 온수 수영장을 제공하는데, 시원치 않다. 아무래도 가격이 약간 더 저렴한 힐튼이 더 낫지 않나 싶다. 우리는 오래 있지 못하고 한 시간 만에 나왔다. 아버님을 공항으로 환송해 드리니 나는 언제 한국가나 싶다.

집에 오니 오늘은 아쉰다 축일이다. 소녀들은 악기를 들고 노래와 춤을 추며 외국인들이나 어른들에게 푼돈을 요구한다. 노래를 즐기면서 1비르 내지 10비르 정도 주면 된다. 우리 집은 외국인이 들어온 지 얼마 되지도 않았는데, 어떻게 잘 알고 찾아온다.

아쉰다 축제를 즐기는 소녀들

2012/9/8 토

집안 정리에 분주한 하루다. 이사를 온 지 3주가 다 되지만, 여기선 전기, 수도 등 신경 쓸 것이 많고 시간도 한국보다 더 걸리기 일쑤다. 하루 종일 집에서 애들과 집수리로 부대낀 후, 우린 오후 느지막히 집 근처로 도보 산책을 나갔다. 이제 다음 주 화요일인 에티오피아 달력으로 새해가 오는데, 또라이 롯지에서 장이 열렸기 때문이다. 여기뿐만 아니라 에티오피아 전국에서 새해 명절 준비로 분주하고, 명절날 잡을 양과 염소들이 길거리를 가득 메우고 있다. 비가 오는데도 불구하고 천막을 수십 동 치고, 야채부터 시작해서, 가죽 제품, 가구까지 각종 물건들을 쌓아 놓고 있다. 집 근처 이런 장이 있다는 것은 행운이다. 우린 물건들을 구경하고 사람들은 우리 식구들을 구경한다. 왜냐하면 큰 애는 세 발 자전거, 둘째는 유모차를 태웠기 때문이다. 동양의 두 꼬마가 바퀴 달린 걸 타고 가니 에티오피아인에겐 신기한 일일 것이다. 내가 사는 동네는 외국인이 많이 거주하는 부촌이 아니라, 이런 동양인 꼬마애들을 처음 보는 사람들도 많을 것이다. 집 사람은 각종 야채를 한 아름 사고 유모차 밑의 짐칸에 실어간다. 이 중에 삼부사 같이 세모 모양으로 생긴 기름에 튀긴 빵이 있는데, 2.5비르고, 안에 쌀에티오피아어로 '루즈' 내지 팥이 들어 있다. 애들한테 하나씩 사 주고 우린 돌아왔다.

2012/9/9 일

에티오피아 신문의 올해의 Yara 상 수상자로 Ethiopian Commodity Exchange의 여성 CEO인 엘레니 가브리 마드힌Dr. Eleni Gabre-Madhin과 역시 여성인 르완다의 농림부 장관인 아그네스 칼리바타Dr. Agnes Kalibata가 선정되었다고 한다. 이 상은 아프리카의 농업 발전을 위해 기여한 분들께 주어지는 것으로 6만 달러 상당의 상금도 수여한다. 1997년 멜레스 총리도 이 상을 받고 상금을 여학생 장학금으로 기부했다고 한다. 이 에티오피아 여성 CEO는 커피 소작농들을 위한 효율적인 시장을 만들어 상품성을 증진시킨 공로로 받았다고 한다. 두 수상자 모두 여성으로 이제 아프리카에도 여성 상위 시대의 바람이 불기 시작한다.

또한 두 달 전 AU의 새로운 의장으로 여성이 선출되었다. 올해 63세의 남아공 출신으로 이름은 응코산자 들라미니 주마Dr. Nkosazana Dlamini-Zuma이다. 아프리카 국가들의 연합인 AU의 첫 여성 지도자인 셈이다. 어떻게 보면 양성 평등이 가장 요원한 아프리카에서 여성이 의장으로 선출된 것은 놀라운 일이다. 기사에 개인의 성공이 아니라 아프리카 모든 여성의 승리라고 표현했다. 취임사에서 모든 아프리카 국가의 협조를 강화하고 UN을 비롯한 국제기구와의 공조를 강화한다고 발표했다. 아무쪼록 이번 인사가 아프리카 여성의 역사에 새 장을 펼치길 기대한다.

도약하는 에티

2012. 9. 13. – 2012. 10. 26.

2012/09/13 목

　　장시간 운전을 했더니 아직 여행의 피로가 가시질 않는다. 물론 메켈레 살 때 열 시간 넘게 운전하던 것에 비하면 낫지만, 피로가 쉽게 가시질 않는다. 병원에 도착하니 환자는 아직 많지 않을 거라 생각했는데, 처음 왔을 때에 비해 점점 늘어나고 있다. 이제 라스 데스타에 피부과 의사가 왔다고 소문이 나기 시작했나 보다. 환자 없을 때 편안히 앉아 노트북으로 글 정리하려던 계획은 수포로 돌아갔다. 오후에 집사람이 국제 교회 건너편에 있는 노비스에서 삼겹살을 사 가지고 왔다. 좋은 고기를 얻으려면 고기 자르는 사람한테 미리 10비르 정도 팁을 주면 된다. 10비르치곤 괜찮은 투자다.

돼지고기를 살 수 있는 노비스 슈퍼마켓

외래 진료실 내 책상 서랍에 재밌는 물건이 있었다. 나무로 남자 성기 모양을 깎아 만든 조각인데, 무슨 물건인지 물어보았다. 피카두란 나의 파트너 간호사가 이야기 하길 에이즈 예방을 위해 환자들에게 콘돔 사용법을 설명하기 위해 만든 것이라고 한다. 백 번 말하는 것보다 모형을 통해 한 번 보여주는 것이 낫기 때문이다. 시골 지역에는 아직도 콘돔을 처음 보는 사람들이 많고, 내가 쓰는 진료실이 전에 에이즈 클리닉으로 쓰였던 곳이기 때문이다. 그리고 현재 에티오피아의 피임법에 대해 물었다. 주로 여자들이 호르몬 주사를 어깨에 맞는 방법으로 한다고 한다. 자신도 그러했고, 거의 모든 여자들이 사용한다고 한다. 내가 콘돔은 어떠냐고 물어봤다. 왜냐면 클린턴 재단에서 에이즈 예방 목적으로 많은 양을 무료로 배포하고 있고, 시내 병원 곳곳에 조그만 부스에서 말만 하면 받을 수 있기 때문이다. 하지만, 에티오피아 남자들은 잘 사용하질 않는다고 한다. 감각이 덜하기 때문이다. 이는 아마 남성 상위 시대의 권위적 남편의 모습과 일맥상통하기도 하다. 콘돔을 무료로 주는 부스에도 안전이 감각보다 더 중요하다는 문구가 새겨져 있다. 어쨌든 에이즈 예방 목적으로 하는 사업의 목적은 순수하지만, 현지 사정에 맞게 다소 변형이 필요할 때도 있는 것이다.

남자 성기 모양 피임 교육 도구

힐튼 수영장 3개월 부부 회원권을 6,100비르에 끊었다. 애들이 수영을 너무 좋아하고, 힐튼은 쉐라톤과 달리 4세 미만은 부모가 회원이면 무료이기 때문이다. 한국 같았으면 상상도 못할 가격이지만, 여기선 월 13만 원에 네 식구가 고급 호텔 수영장 이용권을 끊으니 아프리카에서만 누릴 수 있는 가격의 행복일 것이다. 힐튼 호텔을 나오면 바로 앞에 공원이 보인다. 이 공원은 크게 세 구역으로 나뉘는데, 언덕 꼭대기부터 아프리카 공원, 에티오피아 공원, 아디스 공원으로 각 이름이 있다. 힐튼 입구는 아프리카 공원과 에티오피아 공원 사잇길로 나간다. 위쪽의 두 공원은 놀이기구가 있지만, 밑의 아디스 공원은 놀이기구가 없다. 도심 속의 쾌적한 공원을 원한다면 힐튼에 차를 주차하고, 한 번 산책할 만하지만, 입장료를 내야 한다. 12세 이상은 25비르, 미만은 10비르고 월요일은 휴무다. 주로 맨 위에 있는 아프리카 공원만 문을 여는 경우가 많은데, 안에 들어가면 놀이기구가 근사하니 그럴 듯 하다. 쉐라톤 호텔의 주인인 모하메드 알 아라무디가 만들었다. 그는 에티오피아 제일의 부자이자 중동 부호 3위에 오른 사람으로 재산이 12조 3153억 원에 달한다. 사우디인 아버지와 에티오피아 어머니 사이에서 에티오피아 아드와에서 태어난 그는 스웨덴과 에티오피아의 최고 외국인 투자자로 손꼽힌다. 건설과 부동산업을 통해 돈을 번 그는 캐랄Corral Group 그룹과 미드록

Midroc 그룹을 운영하며 4만 명의 직원을 두고 있다. 그리고 힐튼 호텔에서 나와 메스켈 광장쪽으로 좌회전 하면 오른편에 에티오피아 대통령 Girma Wolde-Giorgis의 관저인 국립 왕궁 National Palace이 보인다. 사실 에티오피아 대통령은 명예직이고 모든

아프리카 공원

암바사 버스

권한은 총리에게 집중되어 있다. 고 멜레스 총리 집무실은 아프리카 공원의 북쪽 언덕 메넬리크 황제 궁전Menelik imperial palace에 자리잡고 있고, 대통령의 집무실은 여기 있는 셈이다. 어쨌든 세련된 조각을 가진 정문과 울타리가 눈에 띈다. 비록 울창한 수풀에 가려 건물은 잘 보이진 않지만, 얼핏 보니 미국의 백악관 같다는 생각이 들었다. 하지만 아무나 못 들어가는 곳이다.

요즘 아디스의 시내에는 시내 버스가 부쩍 늘었다. 버스 두 대가 연결된 기차 같은 버스도 종종 볼 수 있다. 작년에 내가 처음 아디스에 왔을 때만 해도, 큰 대형 시내버스는 구경거리였는데, 지금은 시민들도 능숙하게 탄다. 그리고 버스 정거장에 노선 번호와 행선지 간판도 보인다. 이 버스를 암바사 버스'Anbessa'는 암하릭어로 '사자'란 뜻이다. 회사에서 독점 공급하고 있는데, 작년에 1억 2천 8백만 명이 이용했다고 한다. 이는 재작년에 비해 130% 증가한 숫자다. 기존에는 'Hunghai'란 중국계 회사가 만든 버스를 수입했다. 하지만, 올해 현지에서 조립한 Bishoftu란 버스 460대가 도입 예정이라고 한다. 이 버스에는 음향 설비를 이용해 노선 안내도 할 계획이라고 한다. 이제 봉고 미니버스가 사라지고 관광 명물이 될 날이 멀지 않았나 보다.

암바사 버스 정류소 간판

2012/9/17 일

    식구들과 함께 가톨릭 성당 미사에 참여하기 위해 바티칸 대사관을 찾았다. 중국집 천부반점 건너편에 있다. 아름다운 정원을 가진 그림 같은 곳이다. 하지만, 작년과 달리 미사를 보는 예배당이 바뀌었다. 정문에 도착하면, 문은 잠겨있고 왼편으로 H.Mass란 간판을 따라가면 뒤편에 새로 지은 듯한 체육관 같은 큰 홀에서 본다. 아마 사람이 많아 지니 큰 건물을 신축한 듯 하다. 하지만, 예전의 홀은 작지만 대사관 안에서 아름다운 조각들과 그림, 그리고 뒤편 정원의 트레비 분수같이 생긴 분수와 함께 미사를 보는 맛은 없어졌다. 매주 일요일 오전 10시경에 시작해서 12시에 끝나고 이때만 일반인에게 개방한다. 하지만, 오늘도 역시 애들은 이 시간을 못 참고 결국 정원으로 뛰쳐나갔다. 한국으로 치면 수목원이나 가야 볼 수 있는 숲들이 에티오피아엔 즐비하다. 사실 에티오피아의 이미지는 최빈국, 커피, 6·25 참전국이 주이지만, 이런 아름다운 숲과 새들도 부각되어야 할 이미지인 것이다.

    한국 뉴스를 보니 한국의 한 전기 업체가 Haris Al Afaq Ltd란 업체와 함께, 약 188억 가량의 공사를 수주했다는 기사가 실렸다. 사실 아프리카의 중국 진출은 30여 년 전부터 유명하지만, 한국의 진출은 한참 늦은 감이 있다. 아프리카라고 가난하고 항상 도움을 필요로 하는 이미지가 우선이지만, 이는 때론 과장된 측면이 없지 않나 싶다. 아무리 에티오피아라고 해도 국가 경제 규모는 400억 달러에 달한다. 기회를 찾으려 노력하는 사람에겐 이 곳이 황금알을 낳을 수 있을 것이다. 근래 삼성전자의 광고를 많이 보게 되는데,

바티칸 대사관 정원에서

TV의 이름이 Surg Safe다. 아프리카는 전압이 불안정하여 때론 300V
까지 들어오고, 이로 인해 전자제품 고장이 흔하기 때문에, 만든 제품이
기 때문이다. 아프리카에서 한국의 이미지는 상당히 훌륭하고 수요가 높
기 때문에 앞으로도 많은 한국인들의 진출이 이루어져야 할 것이다.

2012/9/17 월

　　드라이버에게 내가 안 입는 옷들을 주었다. 유행이 지나거나 낡은 옷
들이다. 한국에선 돈 주고 버려야 할 것들이지만, 이들에겐 없어서 못 입
는 것들이다. 아프리카에선 이런 걸로 생색도 낼 수 있으니 또 하나의 즐
거움이다. 하지만, 무조건적인 물품 원조에 대해 다시 한번 생각할 필
요가 있다. 2006년 블레이크라는 미국의 청년은 아르헨티나를 여행하
던 중 아르헨티나의 민속 신발을 본 따 독특한 디자인의 신발 '탐스'를 만
들고 이를 한 켤레 팔 때마다, 아르헨티나의 가난한 어린이들에게 한 켤
레씩 기부하는 '슈 드롭'이란 기부 행사를 진행했다. 이런 1+1 기부행사
는 시민들의 마음을 움직였고, 4년 만인 작년까지 이백만 켤레를 판매
하고 기부했다. 하지만 이러한 기부 활동에 대한 비판이 제3세계에서 일
하는 NGO나 활동가들에게 제기되었다. '좋은 의도만으로 충분치 않다
goodintents.org'라는 블로그를 운영하는 비영리단체 활동가 손드라 시멜펜
딩은 이 기부가 마케팅 기법일 뿐이라고 비난했다. 이러한 기부 행위는
저렴한 인건비가 유일한 무기인 저개발국에서 그나마 있던 신발, 의류 현
지 산업의 기반을 흔들고, 현지인들이 구매하지 않고 얻어 입다 보면 저
개발국의 신발 업체는 문을 닫고 많은 근로자들이 일자리를 잃게 된다.
그리고, 가격이 그리 비싸지 않은 신발, 의류는 현지에서도 만들고 살 수
있는데, 선진국에서 보내게 되면 운송비가 더 커 배보다 배꼽이 큰 현상
이 일어난다. 결국 선진국의 운송 업체만 돈을 벌게 되는 기현상이 나타

난다. 탐스 회사도 현재는 이러한 비판을 받아들여, 기부활동을 중단했다. 그리고 아르헨티나와 에티오피아에 기부 전용 신발을 생산하는 공장을 짓고 일자리를 창출했다고 한다. 사실 에티오피아는 수제 구두 제작으로 유명한 나라이고, 시내에 가면 저렴한 가격에 품질 좋은 구두를 살수 있다. 사실 이번 회계 연도에 에티오피아 가죽 연합은 가죽 의류와 신발 수출로 2,520만 달러의 수익을 냈다. 이런 나라에 마치 시혜를 베푸는 식의 신발과 의류 기부는 에티오피아 국민들의 존엄성을 훼손할 수도 있다. 그리고 가난한 나라에 산업은 없고 맨발로 다니는 사람들만 있다는 이미지가 더욱 고착될 뿐이다. 그러므로 기부자들은 자기 만족적 감정보다는 이성적으로 한번 더 생각해 볼 필요가 있다.

2012/9/18 화

이제 슬슬 환자가 많아진다. 비록 경한 환자가 대다수이지만, 외국인 피부과 의사가 왔다고 소문이 나기 시작하나 보다. 하지만, 한 가지 우려할 점은 내가 떠나고 나서이다. 사실 이전에 나 같은 피부과 의사 없이도, 알레마요는 일반의지만 피부과 환자를 나름 잘 보았다. 하지만, 내가 있는 일 년 이 개월 동안 이 친구는 피부과 환자를 못 볼 것이고, 경험을 잃어 내가 떠난 후 피부과 환자를 보지 못할 수도 있다. 마치 티셔츠와 신발을 무료로 나눠주는 기부 행사 후의 에티오피아 산업을 황폐화 시키는 부작용처럼, 나 또한 부작용을 일으킬 수 있다는 생각이 들었다. 남을 도와 준다는 원조가 결코 쉬운 것은 아니다.

나의 카운터 파트너 간호사는 피카두란 29살의 남자이다. 고향은 오로미아이고 북쪽의 데브리리바노스 지나 피체다. 사실 아디스도 오로미아 주의 가운데에 있다. 8남매 중의 막내인데, 물론 부모님께 의지할 것은 없다. 갑자기 나한테 한국에서 일자리를 구할 수 없냐고 물어본다. 자기는 현재 라스 데스타 봉급이 한 달 900비르고 일주일에 두 번 정도 사립병원에서 아르바이트하면 하루에 70비르씩, 총 1400비르 정도 번다고 한다. 하지만, 이 중 집세 500비르를 내고 나면, 입에 겨우 풀칠할 정도라고 한다. 나는 한국에서 최저 임금은 약 천 달러 정도, 만 팔천 비르라고 하니, 입이 떡 벌어진다. 그리고 외국인의 경우 숙소와 음식은 제공될 거라고 하니, 자신은 어떠한 일이라도 할 자신이 있다고 한다. 내가 미국은 어떠냐고 물어보니, 사람들이 미국은 천국으로 생각하고 있지만, 비자 받기가 너무 어려워 포기한다고 한다. 나는 알아보겠다고 했지만, 어찌 될지는 잘 모르겠다.

2012/9/19 수

드라이버 발라초카사가 다음 주 목요일이 메스켈 공휴일인데 일주일 전체를 쉬면 안되냐고 물어본다. 화, 수가 형제의 결혼식이고 월, 금은 이동하는 날이라고 한다. 와이프는 짜증을 냈다. 일 시작한 지 한 달도 안된 사람이 한 달에 일주일을 쉬겠다고 하면, 어쩌냐고 한다. 나도 처음엔 조금 놀랐지만, 승락을 했다. 하지만, 집사람은 대신 봉급날을 일주일 늦추자고 했다. 이 친구는 일주일 간의 급여를 못 받는 셈이다. 나중에 알고 보니 메스켈 공휴일은 가장 큰 공휴일로 다른 협의 드라이버도 일년에 이 공휴일이 있는 일주일은 공식 휴가라고 한다. 어쨌든 좀 야박하긴 하지만, 성실한 근로 습관을 위해 처음엔 좀 세게 나갈 예정이다.

2012/9/20 목

아침에 가 보니 진료실의 내 책상을 누가 가져갔다. 한국에선 황당한 일이지만, 피카두에게 얘기하니 30분 후 다시 찾아왔다. 누군가 다른 진료실에서 필요해 가져갔다고 한다. 가구가 귀한 나라이다 보니 이런 일도 종종 있다. 전신의 편평태선 환자가 내원했는데, 닥터 알레마요에게 물어보니 자신은 고정적으로 에이즈 검사를 한다고 한다. 한국은 C형 간염 바이러스가 동반되는 경우가 혹 있는데, 여긴 HIV를 먼저 생각한다. 비록 노인 여성이긴 하지만 혹시 몰라 검사를 요청했다. 하지만, 양성이 나온다 하더라도 치료는 받지 않을 것이다.

병원 입구에 재미있는 광고 전단지가 붙어 있었는데, 결혼중개업소의 광고였다. 한국처럼 모든 조건을 입력하면 그에 맞는 조건의 여자를 구해 준다는 것이다. 한 가지 흥미로운 첫 문구는 바이러스 감염자 여기서는 에이즈 감염자를 이렇게 부른다. 일 경우 같은 바이러스 감염 배우자를 찾아 준다는 문구다. 유병율이 높다 보니 이런 기현상도 나타나는 것이다. 간호사의 말로 당신이 재력이 있으면, 어떠한 여자도 구할 수 있고, 심지어 결혼한 유부녀도 결혼중개업소에서 이혼시킨 후 빼앗아 갈 수 있다고 한다. 재미있어 깔깔거리며 웃었지만, 집에 돌아와서 생각해 보니 씁쓸한 현실이었다.

2012/9/21 금

가레 아레라 마을 봉사활동에 참여했다. 사무소에서 매달 하지만 그동안 지방에 살고 있어 참여하지 못했다. 골페에서 좌회전해서 감벨라 방향으로 시외 고속도로를 탄다. 83km 거리에 있고 암보 가기 전에 있다. 언덕배기 위에 도착한 풍경을 자랑하는 마을이다. 마을에 도착하니 작년 VIP와 함께 했던 일들이 생각난다. 이후 코이카에선 지속성을 유지하고자, 마을회관이며 보건소를 지어 주었다. 그리고 한국인들이 많은 걸 도

진료를 받기위해 줄 서있는 현지인들

와줘서 그런지, 애들은 동양인만 보면 '코리아' 하면서 따라다닌다. 봉사활동은 무료 진료와 아동 교육 두 분야로 나누어서 진행한다. 아동 교육은 사진 촬영, 풍선 아트, 미술 교육 등 다양한 방향으로 이루어졌다. 무료 진료는 나와 닥터 아세파란 라스 데스타 외과에서 일하는 일반의와 함께 했다. 둘이서 짧은 시간 동안 70명 가량을 보았는데, 접수를 마감해도 앞에 사람들이 많다. 이런 이동 진료엔 시설이나 준비 물품에 한계가 있어 1차 진료 수준에 머무른다. 굉장히 심각한 환자도 있어 열 살 정도 되는 꼬마 아이가 선천성 심장질환을 가지고 왔다. 굳이 청진기를 대지 않아도 가슴팍에 심장의 비정상적인 박동이 눈에 보이고 목에 있는 정맥Jugular vein의 크기가 애기 팔뚝만하다. 당장 흥부외과 수술이 필요하나 아디스에서도 가능할 지 모르겠다. 하지만, 이런 무료 진료를 하면 아프지 않아도 오는 나이롱 환자들도 많다. 이런 사람들에겐 위약효과로 영양제나 비타민, 인삼 추출물들을 주고 보낸다. 오후 느즈막히 집에 도착하고 다음 달엔 식구들을 데리고 가 볼 예정이다. 애들한테 아빠가 가운 입는 모습도 보여줄 겸, 교육상 좋을 것이다.

2012/9/22 토

    드라이버가 핸들 가죽 껍질을 모두 벗겨 놓았다. 항상 초조해하고 손톱을 무는 습관이 있는데, 역시 운전하면서도 손톱으로 핸들을 벗겨 놓은 것이다. 집사람은 불안해서 더 이상 고용 못하겠다 하고, 그 친구 집 앞으로 가서 한 달치 봉급과 함께 이제 오지 말라 했다. 미안하지만 어쩔 수 없다. 기분전환 할 겸, 좋은 외식코스를 하나 발견했다. 아르코발레노 ARCOBALENO란 스테이크 집인데 높은 천장과 그림들이 걸려 있는 유럽식 음식점이다. 레소토 스트릿Lesotho st.에 있고 바티칸 대사관의 북쪽, 천부반점 건너편, 에미레이트와 인도네시아 대사관 남쪽에 있고 가격은 일인당 100~150비르 정도다.

2012/9/23 일

    아디스의 기념물과 조각상을 찾아 보기로 했다. 보통 한국인들은 잘 다니지 않는 곳들이다. 하지만, 에티오피아의 모든 곳을 밟아 보기로 한 나에겐 꼭 들려야 할 곳들이고, 다녀 보니 흙 속의 진주들을 찾은 느낌이다. 에티오피아는 이런 곳에 대한 발굴과 홍보가 아직 후진국 수준이다. 하지만, 이런 다듬지 않은 유적을 찾아 보는 것도 나름 분위기가 있다.
    첫 행선지는 유다의 사자상Lion of Judah monument이다. 멕시코에서 메스켈 방향으로 가다가 왼편의 처칠 애비뉴가 보이는 사거리에서 우회전하면 있다. 사자는 에티오피아 왕국의 상징이다. 이 상은 1930년 하일라 황제 즉위 전날 기념으로 세워졌다. 하지만, 1935년 이탈리아군에 의해 로마의 Vittorio Emmanuel monument 옆으로 옮겨졌다. 이후 1938년 이탈리아 황제의 기념식에서 Zerai Deress라는 젊은 에리트리아 청년이 대담하게 이 앞에서 무릎 꿇고 기도하기 시작했다. 이탈리아 경찰들

유다왕의 사자상

이 이를 저지하려 했으나 이 청년은 칼을 들고 공격했고, 총에 맞기까지 다섯 명을 죽인 후 체포되었다. 그러면서 유다의 사자가 복수할 것이라고 외쳤다. 이후 이 청년은 에리트리아와 에티오피아의 영웅이 되었지만, 칠 년 후 감옥에서 사망했다. 결국 이 사자상은 1960년 제자리로 돌아왔다.

이 사자상 뒤편으로 돌아가면 기차역이 보인다. La Gare로 불리는 구 중앙역이다. 에티오피아는 유일한 철로가 지부티부터 아디스까지 있다. 하지만 현재 철도를 운행하지 않는다. 이유는 모르겠지만 유지 보수 내지 지부티와의 정치적 문제가 복잡하게 얽혀 있을 것이다. 사실 아디스 지부티

유다왕의 사자상 앞에 있는 방향타

▲ 중앙역,La gare
▼처칠 애비뉴 한복판에서

철도는 지난 6월 이미 논의되었고 그 파트너로 한국, 중국, 일본과 협상이 진행 중이다. 어쨌든 건물은 유럽식이라 한국의 작은 서울역 같은 고풍스런 고딕양식이다. 그리고 앞에는 넓은 광장이 있고, 이 광장은 현재 암바사 시내 버스 정류소로 사용되고 있다. 시민들은 곧 기차가 다시 운행할 거라 믿는다.

기차역에서 정면으로 쭉 가면 처칠 애비뉴가 나온다. 서울의 세종로와 같은 곳이고, 맨 끝에 시청이 있다. 이 길을 따라 시청 쪽으로 가면 왼편에 공산주의 분위기가 물씬 풍기는 뾰족한 더그 탑Derg monument이 있다. 꼭대기엔 큼직한 붉은 별이 있고 기초 제단엔 혁명을 뜻하는 황금 망치와 낫을 든 노동자들의 동상이 있다. 이는 지난 멩게스투 공산주의 정권시절 만들어진 것으로 현재도 그 고통스런 시기를 잊지 말자는 의미로 놔두었다고 한다. 탑 건립시 북한도 도왔다고 한다. 그 뒤편이 에티오피아에서 가장 유명한 흑사자Black lion 병원이다.

처칠 애비뉴를 쭉 올라가면 시청이 나온다. 큰 시계탑과 함께 광장과 홀을 가지고 있다. 한 가지 안타까운 점은 정문에 처칠 뷰란 카페 간판이 펩시 콜라와 함께 있어, 마치 펩시가 시청의 상징물처럼 보인다는 점이다. 국민 의식이 성숙하면 철거될 것 같다.

이제 우리는 아랏 킬로Arat kilo의 자유광장과 자유탑Freedom square & monument, 스드스트 키로Sidist kilo의 예카티트 12탑Yekatit 12 monument으로 향했다. 아랏과 스드스트는 각 4와 6을 의미하고 마치 한국의 을지로 3가, 4가처럼 지명을 붙였다. 먼저 아랏 킬로에 도착하니 중앙에 둥그런 로타리와 탑이 있다. 이 자유탑은 바닥부터 여신을 조각한 네 개의 비석이 있고 이 위에 둥그런 제단, 그리고 위에 악숨 스타일²의 탑이 있다. 꼭대기엔 시계가 있고 이 위에 사자상이 놓여 있다. 아랏키로에서 북쪽으로 올라가면 스드스트 기로가 나온다. 역시 중앙에 원형의 로타리와 탑

---

2 에티오피아 북부의 도시이자 기원전 10세기경부터 기원후 7세기까지 에티오피아를 지배한 왕조의 이름. 악숨의 건축 양식은 에티오피아 건축의 뿌리를 이루고 있으며 석재로 층을 이루며 쌓는 것을 특징으로 한다.

공산주의 기념탑(derg monument) 시청 스드스트킬르 ｜ ｜ 브 있는 예카티트 12기념탑

이 있다. 예카티트 12탑은 1937년 2월 19일 이탈리아 총독 그라지아니에 의해 무고하게 죽은 수 천의 에티오피아인을 기린다. 예카티트는 에티오피아 달력상 6월, 우리나라의 2월을 의미한다. 탑의 모양은 뾰족한 사각 스타일로 밑에는 시민들의 동판 조각이 있고 중앙에 역시 사자 동상이 있다. 이런 탑들의 가치를 아는 사람이 진정 에티오피아를 이해할 것이다.

마지막으로 우린 사무소 건너편 칼 스퀘어 남쪽의 Loti라는 프랑스 식당으로 마무리를 지었다. 조그마한 정원을 가진 분위기 있는 경양식당이다. 간판은 프랑스 식당이라 적혀 있지만 메뉴는 다른 양식당과 똑같다. 내심 거위간을 기대했던 우리는 살짝 실망했다. 하지만, 스테이크는 비교적 훌륭하고 가격은 일인당 100~200비르 정도다.

아랏키로에 있는 자유광장과 자유탑

2012/9/24 월

　　진료 중 피카두와 한국과 중국, 에티오피아의 식문화에 대해
이야기가 나왔다. 그가 말하길 중국 사람들은 모든 걸 먹는다고
들었다고 한다. 한 에피소드가 데감이란 아디스에서 30km 떨
어진 곳에 중국인들이 운영하는 의류 공장이 있는데, 개고기를
식사에 직원들에게 비밀로 하고 내놨다고 한다. 하지만, 두 달
여 지난 후 한 주방장이 이를 실토했고, 소문이 나자 많은 현지
직원들이 구토하고 화가 나 소요 사태를 일으켰으며, 경찰도 출
동했다. 결국 중국 회사는 일정 금액의 보상금을 주고 마무리되
었다. 사실 한국인도 개고기를 먹고 시내에 음식점이 있다 하니
날 짐승 보듯 한다.

붉은 테러 순교자 기념 박물관 입구

2012/9/25 화

　유두 습진 환자가 내원했다. 사실 파젯이나 다른 유방암도 의심된다. 조직검사를 하려 했으나 아직 피부과 진료를 시작한 지 얼마 안 되어 셋팅이 잘 되어 있지 않다. 이 병원은 병리과가 없어 채취한 피부 조직을 인근 임상 병리 병원으로 보내야 한다. 절차도 복잡하고 비용도 200비르를 훌쩍 넘을 것이다. 조직검사를 하지 않고 일단 대증적 치료 후 2주 후에 다시 오라 했다. 반응 정도를 살펴보고 추후 다시 결정할 것이다.

　붉은 테러 순교자 기념박물관'Red Terror' Martyrs Memorial Museum을 방문했다. 메스켈 광장에서 볼레 로드가 시작하는 입구에 있다. 사실은 아디스아바바 박물관을 가려 했으나, 이 박물관이 앞에 새로 들어서면서 아디스아바바 박물관은 뒷편에 숨어버렸다. 어쨌든 이 박물관은 지난 멩게스투 사회주의 정권의 만행과 살상을 기억하고자 만든 박물관이다. 건물은 최신식 미술관 같고 앞에 Never Ever Again이란, 세 여인의 동상이 있다. 실내에 들어가면 혁명을 위해 싸운 사람들의 군복과 사진들이 전시되어 있다. 그리고 수많은 피해자들의 뼈 보관함과 무덤도 있다. 멩게스투는

붉은 테러 순교자 기념 박물관
참상의 사진들

70년부터 20여 년간 어린이와 노약자를 비롯한 약 이백만 명의 사람을 정권 유지를 위해 죽였다. 더욱이 멜레스에 의해 퇴출당한 후 엄청난 남 금과 달러를 들고 짐바브웨로 도주해 현재까지 천명을 누리고 있다. 이 시기에 집권층이 자신의 사욕을 위해 다른 국가에 빌린 돈을 에티오피아 현

붉은 테러 순교자 기념 박물관 앞에 서 있는 동상
_Never ever again

붉은 테러 순교자 기념 박물관
에 전시된 희생자 유골

아디스아바바 박물관 전경

정권은 아직까지 갖고 있다. 입장료는 없지만, 관람이 끝나면 안내인은 입구의 기부함에 은근히 기부하길 권유한다. 우린 지폐 몇 장을 넣었다. 박물관을 나서면 왼편에 현대식 노천 까페가 있다. 에티오피아 시민들은 박물관보다 이 까페를 더 즐긴다.

본래의 목적지였던 뒷편의 아디스아바바 박물관으로 향했다. 언덕을 올라가면 오래된 2층 건물과 정원이 보이고, 역대 시장의 집무실이었다고 한다. 시끄러운 바깥의 아디스와 차단된 시간을 거슬러 가는 기분이다. 아디스 시에서 운영하는 것으로, 중앙정부에서 운영하는 국립 박물관, 아디스아바바 대학교에서 운영하는 민속 박물관과 다른 별도의 문화재들이다. 메스켈 광장에서 보이는 큰 간판들이 박물관을 숨기고 있는데, 이를 철거하면 광장을 내려다 보는 전망대가 될 수 있을 것이다. 입장료는 외국인 10비르, 내국인 2비르다. 1층 입구부터 메넬리크 황제와 즈우디투 여왕의 초상화로 시작한다. 그리고 역대 시장의 사진들, 기념물들이 전시되어 있다. 아디스 최초의 전화기, 벤틀리 자동차가 있다. 2층에 올라가면 생활용품들과 아드와 전투 그림이 있다. 이 중 에티오피아의 제일 유명한 현대 화가인 Afewerk Tekle가 그린 아이를 업은 여인의 초상

아디스아바바 박물관 입구의
메넬리크 2세 황제 부부 초상화

화가 전시되어 있다. 그리고 건물과 1층 복도에는 각 시에서 선물로 보내
준 기념품들메켈레의 요하네스 궁전 모형, 악숨의 오벨리스크 모형, 곤다르의 성 모형 등도
나란히 놓여 있다. 다 둘러보고 정원까지 즐긴다면 한 시간 정도 걸릴 것
이다.

아디스아바바 박물관의 조각상들

2012/9/26 수

메스켈 축제 전야제다. 사람들은 벌써 축제 분위기다. 오늘 메스켈 광장에서 도로를 차단하고 수천수만의 인파가 몰린다. 다들 메스켈 안개꽃 Meskel Daisy이란 노란 꽃을 들고 다니는데, 이는 이 날만 들고 다니는 꽃이다. 그리고 전통의상을 완전히 갖춰 입은 성직자들과 신도들이 큰 십자가를 들고 행진한다. 이후 역시 메스켈 안개꽃으로 꾸며진 제단에 십자가를 설치한 후, 불을 붙인다. 그리고 불타면서 쓰러지는 쪽에 큰 행운을 가져다 준다고 믿는다. 그리고 사람들은 밤새 춤추고 노래한다. 한국의 추석과 같은 제일 큰 명절이다. 작년 메켈레 촘마산에서 봤던 행사와 같고, 아디스는 규모가 훨씬 더 클 뿐이다.

혜영 : 빙험학교에서 Tiny Tots라는 유아를 위한 음악교실에 참가했다. 정식 유치원이 아니라 6개월에서 4살까지 아이를 가진 외국인 엄마들이 자발적으로 만든 프로그램이다. 매주 수요일 오전 9시에 예배당에서 한 시간 반 동안 진행된다. 한 시간 정도는 우리 귀에도 익숙한 Nursery rhymes에 맞춰 간단한 율동을 따라하고 이후에는 엄마들과 teatime을 가지면서 자유롭게 대화하는 시간이다. 이번에는 우리 가족 외에 여섯 가족이 참가했는데 대개 아디스아바바에 수 년씩 장기간 거주하는 미국, 유럽, 호주 사람들이다. Tiny Tots가 끝난 후에 아이들과 산책을 나갔다. 빙험학교에는 곳곳에 잔디밭이 펼쳐져 있는데 그 중 한 곳에 거북이 가족 세 마리가 있다. 학교 관계자의 말에 따르면 엄마 아빠 거북이들은 50살이 넘었다고 하는데 길이는 1m 정도 키는 60cm는 넘어 보인다. 잔디밭 풀을 뜯어먹는 모습에 난생 처음 거북이를 보는 우인이는 신기해하면서 올라타려고 한다.

빙엄 학교 일일 음악 스쿨 Tiny Tots에서 본 자라

2012/9/27 목

　　교회 주변으로 사람들이 빼곡하다. 오늘 오전은 어제의 축제를 마치고 교회에 사람들이 예배보는 날이다. 이날 사람들은 '끄포Kitfo'란 전통음식을 먹는다. 현지 식당이나 대형마트에서도 볼 수 있지만, 끄포 전문 요리집도 있다. 갈은 소고기를 버터와 함께 발효시키고, 버르버르나 향신료를 넣기도 한다. 전통적으로 날로만 먹기 때문에, 이를 좋아하지 않는 외국인은 요리해 달라고 별도로 요구해야 한다. 그리고 '아이비'란 하얀 시큼한 버터와 함께 주고, '꼬쪼kotcho'라 불리는 바나나와 비슷한 작물에서 나오는 곡물을 발효시켜 만든 얇은 빵도 함께 준다. 이런 끄포 요리는 남부 아와사 쪽에 있는 구라게Gurage 지역에서 특히 잘 먹으나, 아디스에도 우리가 먹은 요드 아비시니아나 란차 지역에 많이 있다.

▲ 인제라와 끄포, 전병같은 꼬쪼, 하얀
　소스 아이비

▲ 패스팅 인제라

2012/9/28 금

어제 먹은 끄포가 탈이 났다. 멋모르고 두 접시나 주문
했다. 사실 입맛에 맞지 않았지만, 식구들이 안 먹길래 내
가 다 먹었는데, 결국 탈이 났다. 오늘 하루 종일 구토와
설사를 했다. 당분간 현지식은 자제해야 할 것 같다.

2012/9/29 토

　　이제 United bank에서 인터넷 뱅킹이 가능하다고 한다. 하지만, 공인인증서나 보안카드는 필요하지 않고 ID와 비밀번호만 만들면 된다. 해킹에 아직 무방비겠지만, 이런 해커가 이 나라에 있을지 모르겠다. 사실 이 나라 첫 번째 은행은 커머셜 뱅크다. 작년 한 해 커머셜 뱅크가 세전 79억 비르한화 약 5600억의 순이익을 남겼다고 한다. 390만 명의 예금자로부터 1,222억 비르의 예금으로 609억 비르 대출한 결과 이러한 이익을 남겼다고 한다. 그리고 작년 한 해 동안만 150개의 지점이 늘어 총 547개에 이른다. 그리고 한국의 은행들과 유사한 부동산 프로젝트도 60여 곳에서 진행하고 있어, 한국의 아파트와 같은 콘도미니엄을 짓고 있다. 비록 한국에선 부동산 경기가 불황을 겪으면서 일부 이러한 프로젝트들이 문제가 되었지만, 이 나라에선 어떨지 모르겠다. 참고로 저축률 또한 낮은 나라 중 하나인데, 이를 상승시키기 위한 노력으로 마이크로 파인낸스 등의 활동으로 6에서 15%로 증가했다고 한다. 특히 예금자의 수는 1년 전의 280만 명에 비해 백만 명 넘게 증가한 것이다. 사실 이 나라 인구수 9,000만에 비하면 아직 예금자 수는 적지만, 첫 번째 은행으로서 그 성장은 괄목할 만하다. 한국은 평범한 사람들도 몇 개씩의 계좌를 가지고 있지만, 여기는 그렇지 않다. 시골에 가면 아직도 계좌 없는 사람들이 수두룩하고, 우리 집에서 일하는 포텐도 아직 계좌가 없다. 그 달 벌어 호주머니에 넣고 다니면서 쓰고 남은 돈은 어딘가 숨겨 놓는 것이 전부다. 어쨌든 포텐도 이제 계좌를 만든다고 하니, 금융 또한 곧 빠른 현대화가 이루어질 것이다.

에티오피아에서 제일 큰 소매은행인
커머셜 뱅크

달걀과 생닭 가게

2012/9/30 일

　오늘은 추석이다. 한국 방송은 온통 명절 분위기다. 먹거리에 대한 방송도 많다. 이 중 하나가 한국에서 요즘 동물 복지에 대한 관심이 증가하고 있다고 한다. 우리가 보통 식용으로 먹는 닭, 돼지, 소들의 건강에 대한 내용으로 식용 닭의 경우 평생을 A4 용지 절반 크기에서 생활한다고 한다. 돼지나 소들도 마찬가지로서 좁은 공간에 갇혀 있다 보니 스트레스를 많이 받고 자신의 몸을 자해하던가 인접한 동물을 공격한다. 그리고 스트레스 호르몬의 수치가 늘어나 고기의 질도 떨어진다. 사실 에티오피아에선 아직 이런 공장식 사육이 보편화되어 있지 않다. 달걀의 크기가 한국에서 보던 것의 절반에 불과하고 모양도 제 각각이다. 처음엔 왜이리 작을까 불평했지만, 다시 생각해 보면 시골 마당에서 풀어놓고 키운 닭이 낳은 진정한 유기농 달걀인 것이다. 물론 에티오피아도 요즘 공장식 사육으로 키운 닭이 낳은 큼직한 달걀이 같은 가격에 팔리고 있다. 사람들은 이것이 좋은 줄 알고 너도나도 사지만, 전통 방법으로 키운 조그마한 달걀이 건강엔 더 좋다는 것은 모를 것이다. 사실 여기서 살다 보면 농산물의 값도 싸고 모두 유기농이다. 농약의 비용을 농부들이 감당하지 못하기 때문이다. 여기선 공산품에 연연하기 보다 이런 유기농 농산물을 실컷 즐기고 가는 것이 남는 장사일 것이다.

달걀과 생닭 가게의 달걀들

2012/10/1 월

　진료 중 지인의 부탁으로 지인의 가사도우미가 병원에 오셨다. 머리가 아프고 배가 아프고 생리가 없다고 오셨다. 결국 온 몸이 아프다는 것이다. 남편과 함께 왔는데, 남편은 모든 걸 다 아는 양 모든 설명을 다 한다. 이학적 검사를 쭉 했지만, 특별한 것은 없다. 약간의 편두통과 피임 주사를 오랫동안 맞아서 생리를 안 했을 뿐이다. 다른 요인에 대해 물어보니 특별한 것은 없었다. 다만, 두 달 전 결혼을 했는데, 부모 결정으로 자신이 알지도 못하는 남자와 결혼을 했다. 남편은 한눈에 봐도 권위적인 사람이다. 보통 평범한 에티오피아 부부관계일 것이다. 결혼 후 생긴 배로 늘어난 가사노동과 권위적 남편으로 인한 스트레스가 요인일 것이다. 설명을 잘 해주고 집사람에게 좀 더 신경 써 주라는 이야기 외에 할 일은 없었다. 아마 한국도 불과 십수 년 전엔 이러했을 거라는 생각이 든다.

2012/10/2 화

　물집질환의 하나인 낙엽 천포창 환자가 내원했다. 사실 이전에 알레마요의 진료를 보았지만, 일반의이다 보니 건선으로 오진하고 치료하고 있던 중이었다. 이 환자는 이전에 피부과로 유명한 알러트 병원에서 치료를 받았는데, 라스 데스타로 온 이후 현재 악화되었다고 한다. 알러트에서 장미색깔의 약을 복용했다고 하니 이는 프레드니솔론일 것이다. 참고로 피부과 수련 병원은 블랙 라이언과 알러트 병원이 유일하다. 어쨌든 진단을 다시 바로 잡고 바로 옆 건물에서 진료 보는 알레마요를 불러 상황을 이야기해 줬다. 나보다 연배가 10년은 위이신 분이라 조금 언짢을 수도 있는 일이지만, 나 또한 조심스러웠고 그 분 또한 아량이 넓으셨다. 처음엔 연락을 하지 않을까 했지만, 얼마 전에 본 원조의 역효과란 책에서 읽은 것처럼 내가 떠나고 난 뒤에도 알레마요가 피부과 환자를 보려면 알려 주는 것이 맞을 것이다.

그리고 물사마귀 환자가 왔고 알레마요에게 한국의 압출기로 제거하는 걸 보여줬다. 그리고 압출기 하나를 선물로 주었다. 한국에선 몇 만원 안 하는 소도구이지만, 여기선 결코 구할 수 없는 물건이다 보니 나에게 고맙다고 한다. 이전에는 물사마귀 환자를 알러트 병원으로 보냈다고 한다. 하지만, 이제 내가 떠나도 수많은 물사마귀 환자를 스스로 다룰 수 있을 것이다.

2012/10/3 수

개천절을 맞아 대사관에서 주최하는 국경일 리셉션에 초대받았다. 모든 교민과 에티오피아 참전용사들, 그리고 각 분야의 귀빈들이 참석했다. 정장 착용이 필수였는데, 에티오피아 와서 오랜만에 정장을 꺼내 입었다. 거의 첫 공식 연회인데 한국인과 외국인 절반씩 약 오 백 명 정도 참석했다. 제복을 입은 군인들, 다른 국가의 외교관들도 있었다. 애들은 포텐에게 맡기고 부부만 갔는데, 집사람은 오랜만에 애들과 떨어지니 나름 신이 나나 보다. 이런 곳에선 사람 구경이 제일 재밌는 일일 것이다. 한국에서 오신 의류 사업 하시는 분, 미국 대사관에서 일하는 한국계 미국인, UN에서 근무하는 한국인, 사무소와 대사관 사모님 등등, 집사람은 사람들과 이야기하다 시간이 다 가버렸다. 특히 사모님들은 역시 피부과 의사인 집사람에게 피부 관리를 집중적으로 물어보았고, 나중에 한국 돌아가도 굶을 일은 없을 것 같다는 생각이 들었다.

2012/10/4 목

진료 중 피카두의 가족사를 들었다. 이 친구는 아직 스물 아홉인데 팔 남매의 막내다. 그리고 자신의 큰 누나가 증손자를 보았다고 한다. 아직까지 시골에는 조혼 풍습이 남아 있어 보통 13~14살에 결혼을 하고 심지어 8~9살에 30살의 남편과 결혼도 한다. 아직 피카두의 백세가 넘으신 증조 할머니께서 생존해 계시므로 7대가 현존해 있는 것이다. 할머니를 아야트Ayat, 증조 할머니를 키담 아야트Kidm Ayat, 고조 할머니를 은잘랏Enjalat, 현조 할머니를 김 아얏Kim Ayat으로 부른다. 한국에선 증조 할머니도 보기 힘들고 어지간해선 고조, 현조란 단어도 생소하기 마련인데, 여기선 누구나 다 아는 단어들이다. 조혼 풍습과 더불어 시골에는 장수 노인도 생각보다 많다. 종교 공동체인 헤르밋Hermit에서 하루 한 끼 정도의 소식만 하며 긍정적인 마음으로 사니 여자 노인들이 장수하나 보다. 이 두 현상이 맞물려 7대가 현존하는 기현상이 나타나는 것이다.

2012/10/5 금

오후 세시 반 경에 자동차 사고가 났다. 이차선에서 달리던 내 차를 일차선의 트럭이 갑자기 핸들을 오른쪽으로 꺾는 바람에 내 차의 왼편 뒷좌석 문과 뒷바퀴의 펜더와 휠 하우스를 완전히 찌그러뜨렸다. 하지만, 트럭 운전사는 내가 오른쪽에서 끼어 들었다고 거짓말을 한다. 경찰과 사무소에 연락하고 지루한 조사가 시작되었다. 다행히 경찰들이 긁힌 자국을 보아 트럭 잘못으로 판단했다. 사실 트럭 운전사가 거짓말을 한 것이 결과에 결정적 역할을 했다. 결과가 나오니 이제서야 합의를 하자고 한다. 하지만, 거절했다. 이제 보험사가 알아서 할 것이라 엄포를 놓았다. 결과가 나오니 오후 일곱 시 반이 다 되었다. 이제 내일 경찰서 레터를 받고 보험사로 가야 할 것이다.

볼레 노비스 건물 3층에 있는 아와시 보험회사를 찾아가 보험 갱신을
했다. 마침 다행히 오늘이 마지막 날이었다. 나는 이번 사고와 랄리벨라
에서의 접촉 사고로 보험료 할인을 받지 못하고 15,000비르 가량을 지
불했다. 하지만, 나와 같은 차를 보낸 협의 친구는 무사고로 3,000비르
가량 할인 받았다. 보험사 레터를 들고 메끼나야에 있는 유일한 현대차
딜러인 마라톤 모터스로 향했다. 견적을 뽑는데 역시 두 시간이 넘게 걸
리고 점심까지 근무인데 다 마치지 못한다. 다음 주 월요일에 다시 와야
할 것이다.

스리랑카에서 코이카 자동차 분야 협력요원 한 명과 음악교육 분야 일
반 단원 한 명, 총 두 명이 낙뢰를 맞아 사망했다는 뉴스가 나왔다. 스리
랑카는 산악지대도 많고 번개도 많다. 코이카에서 몇 년에 한 번씩 이런
안타까운 소식이 있다. 해외에서 사망하면, 연락도 어렵고 처리도 어렵
다. 근본적으로 낙후된 국가에 파견되기 때문이다. 그리고 이러한 기사
를 보면 다른 지역에서 활동하는 단원들이 위축된다. 나만 해도 여러 활
동 계획을 접고 소극적으로 변하게 된다. 특히 자동차 사고와 이런 사고
뉴스가 겹쳐 기분을 울적하게 만든다.
오후에 장을 보러 올드 에어포트 쇼아를 가 보았다. 보통 라프토 쇼

아를 갔는데, 알고 보니 여기가 우리 집에서 제일 가깝다. 또라 롯지 남쪽 편, 링로드 바깥 편에 있다. 다음부터 걸어서 이용할 것이다. 포텐이 여권을 발급받으려 한다. 우리를 따라 한국으로 갈 계획이 있기 때문이다. 발급 비용은 301비르다. 외국인의 추천서가 있으면 1주일 내로 받지만, 그렇지 않으면 네 달이 걸린다. 그리고 사람이 밀린 아디스보다 지방이 절차가 훨씬 빠르다고 한다.

2012/10/8 월

출근 대신 사고 뒷처리를 선택할 수밖에 없었다. 먼저 아침 일찍 경찰서로 가 최종적인 사고 경위서와 트럭 드라이버 과실이라는 레터를 받았다. 그리고 마라톤 모터스에 들러 25,000비르라는 어마어마한 금액의 견적서를 받았다. 한국 같으면 문짝을 바꿀 가격이지만, 여기서는 겨우 손잡이만 바꾸고 문짝을 펴기만 하는 금액이다. 나중에 이야기를 들어보니 마라톤 모터스는 독점체제라 몇 배 비싸다고 한다. 물론 보험 처리를 하겠지만, 아마 트럭 드라이버는 상당 금액을 보험사에 물어야 할 것이다. 그리고 보험사에 들러 견적서와 경찰서 레터를 제출하고, 최종적으로 이 금액을 수리점에 지불하겠다는 레터를 들고 마라톤 모터스로 다시 향했다. 드디어 차 수리가 시작될 일만 남았다. 하지만, 빨라야 1주고 늦으면 2~3주 걸릴 수 있다고 한다. 당분간 뚜벅이 생활은 피할 수 없을 것이다.

2012/10/9 화

　아이덜 병원에서 알고 지내던 영국 소아과 의사 치치가 본국으로 돌아간다는 연락을 받았다. 예정보다 빠른 귀국이었다. 사실 안 좋은 이야기이긴 하지만, 자신의 인터넷 블로그에 아이덜 병원의 단점과 이에 대한 불만을 썼었다. 이를 학장인 제리훈이 우연히 보았고 치치를 불러서 청문회 비슷한 회의를 열어서 사실확인을 했다. 치치는 사적인 블로그이므로 문제 되지 않는다고 주장했지만, 병원측에서 본국 환송을 요청했다. 어떻게 보면 불명예스러운 마무리이다. 후진국이라고 깔보다가 이렇게 큰 코 다치는 경우가 종종 있다. 에티오피아인은 가난에 대한 컴플렉스로 오히려 이러한 비판에 상당히 민감한 반응을 보이는 경우가 종종 있다. 선진국의 경우였으면, 이러한 비판에 대한 추방이 아닌 성숙한 대응을 했을 거라는 생각이 든다. 어쨌든 치치는 먼저 부모님이 계시는 짐바브웨에 한 달간 머무르고 영국으로 돌아간다고 한다. 치치는 나보다 한 살이 많은데, 아무쪼록 이번 경험을 바탕으로 좋은 일만 있길 바란다.

2012/10/10 수

　시내 음식점에 외식을 하려는데, 30여 명 가량 되는 외국인이 있다. 주로 미국과 영국인들이었다. 이 중 눈에 띄는 사람이 하나 있었는데, 젊은 동양 여자 한 명이 있었다. 이야기를 물어보니 한국계 미국인으로 이민 2세다. 미국의 봉사단체 피스코 활동으로 2년 거주 예정으로 왔다. 캘리포니아에 거주하는데, 한국에는 부모님 친척을 뵈러 대전에 한 번가 보았다고 한다. 완벽한 영어를 구사하는 완전한 미국인인 셈이다. 하지만, 나의 개인적인 느낌은 이민 2세나 유학생들이 겪는 정체정의 고민을 안고 있는 것 같았다. 예전에도 다른 음식점에서 만난 적이 있었는데,

그 때 우리 식구는 완벽한 영어 구사로 중국계나 일본계 이민 2세인 줄 알았다. 하지만, 부모님이 한국어를 사용하시고 우리 식구가 한국어를 사용하면, 아는 척 할 법도 한데, 모른 척하고 지나간다. 이런 경험이 종종 있는데, 이전에도 다른 피스코 멤버 20명과 인사를 나눴고, 이 중 한국 유학생이 있었지만, 우리를 모른 척 했다. 주변의 다른 백인 여성이 알려줘 억지로 인사한 적이 있었다. 이런 경험은 오히려 한국보다 먼 이국 이곳에서 종종 본다. 이제 한국도 다문화 가정이 늘고 있고, 다른 인종과 함께 어울려 사는 경우가 많아지는 만큼 함께 나아가야 하는 방향을 모색할 때가 이미 왔다.

2012/10/11 목

한국에서 10월 말 나로호 3차 발사 예정이라고 한다. 두 번의 실패를 거쳐 세 번째 시도다. 혹자들은 이런 실패에 대한 비난을 할 수도 있을 것이다. 하지만, 최초의 한국인 순수 기술로 인공위성을 만든다는 것이 결코 쉽지는 않을 것이다. 또한 기술을 전수키로 한 러시아 과학자들이 핵심 순수기술을 순순히 알려 줄 리 없다. 두 번의 실패를 교훈 삼아 한국인의 위상을 다시 한번 높이길 바랄 뿐이다.

에티오피아의 밤하늘엔 수많은 별들이 있다. 하지만, 여기에 천문학이나 우주공학이 있을까 하는 한국인이 있겠지만, 이 곳도 물론 존재한다. 지난 월요일부터 수요일까지 천문학과 우주공학에 대한 워크숍이 아디스에서 열렸다. UN의 외계 연구 기관United Nations Office of Outer Space, UNOOSA과 국제 천문학 연맹International Astronomical Union, IAU, 그리고 에티오피아 우주 과학 단체Ethiopian Space Science Society, ESSS가 공동 주최했다. 에티오피아 과학기술부 장관과 교육부 장관도 참석하여 정부의 방침을 발표했다. 아직 거창하게 인공위성 발사를 논할 정도는 아니고, 고등학교와 대학교 등 교육기관에서 천문학과 우주공학 교육을 확대하자는 내용이었다. 그리고 은또또 천문우주공학 연구 센터Entoto Astronomical Obsevatory and Space Science Research Center가 에티오피아에서 제일 큰 연구 기관인데, 이 분의 말씀은 교육 과정을 강화해, 천문학과 우주공학자들에게 일자리를 마련하고, 이들이 해외로 유출되는 것을 막아야 한다고 한다. 그리고 내년에 해외에서 일하고 있는 15명의 에티오피아 천문우주공학자들을 이 기관으로 유치할 예정이라 한다. 현재 에티오피아에선 12년 전부터 고테베 교육 대학Kotebe Teacher's Training College에서 지구과학과 천문학 교사를 양성하고 있고, 현재 20여 대학에서 천문학 학과가 개설 중이다. 그러므로 이 과정을 더욱 확대해야 한다고 주장하고 있다. 이러한 바탕부터 마련이 잘 되면, 언젠간 에티오피아도 인공위성을 쏘는 날이 올 것이다.

2012/10/12 금

라디슨 블루Radisson Blue 호텔에서 이제 떠나시는 협력의 선생님의 환송회를 열었다. 이제 2년 반의 대장정을 마치시고 무사히 가시는 분이다. 이 분은 2년 반 동안 한국을 한 번도 가지 않으셨는데, 그리 그립진 않으신가 보다. 라디슨 블루 호텔은 주피터 호텔 카산치스점 바로 옆에 새로 생긴 신생 호텔로 숙박비는 힐튼보다 싸고 주피터보다 비싼 비즈니스 호텔이다. 새로 생긴 호텔이라 로비와 음식점은 훌륭하고 고급스럽다. 저녁 부페도 일인당 475비르에 음료 제외지만, 차린 건 힐튼이나 쉐라톤처럼 많지 않아도 깔끔하다. 식사를 하는데, 옆에서 수단 마크가 있는 운동선수처럼 보이는 사람들 이십 여 명이 식사를 하고 있다. 내일 중요한 경기가 열리나 보다.

2012/10/13 토

저녁 무렵 집 밖에서 사람들이 소리를 지르고 환호하면서 행진하는 소리가 들린다. 뭔가 싶어서 나가 보니 집 앞 링로드에 수많은 사람들이 트럭과 짚차에 가득 타고 경적을 울리면서 소리를 지르면서 가고 있다. 마치 한국의 2002 월드컵 분위기와 비슷한데, 알고 보니 오늘 수단 축구 팀과의 경기에서 에티오피아가 2:0으로 이겼다고 한다. 어제 호텔에서 본 사람들이 수단 축구 선수들이었던 것이다. 보는 사람도 흥겹고 신이 나지만, 이런 분위기에 외국인이 휩쓸리다간 무슨 일이 생길 수도 있을 것 같다.

2012/10/14 일

자동차를 포기하고 집부터 걸어서 피아자에 있는 생 조지St. George 교회와 박물관을 가보기로 했다. 비록 메르카토를 지나 한 시간 넘게 걸리겠지만, 걸어서 가면 훨씬 많은 걸 볼 수 있기 때문이다. 교회는 시청 북쪽, 피아자 광장 북쪽 언덕에 자리잡고 있다. 도착하기 전 하얀 대리석의 아부나 페트로스Abuna Petros 동상이 서 있는 아부나 페트로스 광장을 지나친다. 아부나 페트로스는 20세기 초반 에티오피아 정교 신부로서 애국

▲ 아부나 페트로스 광장의 페트로스 신부 동상
▶ 피아자 광장의 메넬리크 2세 황제 기마상

생조지 성당 전경

열사다. 1930년대 이탈리아군의 두 번째 침략 당시 국민들에게 독립 운동을 독려한 위인이다. 하지만, 결국 자신도 이탈리아 군에 포로로 잡혀 총살당했다. 에티오피아 국민들에겐 영원히 기억될 것이다.

5분만 걸어가면 피아자 광장이 나온다. 피아자 광장 중앙에는 멋진 말

생조지 성당 안의
하일라 황제 즉위식 그림

생조지 성당 안의
즈우디투 여왕 즉위식 그림

생조지 성당 안의
하일라 황제 영국 의회 연설 그림

을 타고 갑옷을 입은 황제의 동상이 있는데, 이탈리아 군의 첫 번째 침략을 아드와 전투에서 승리해 저지한 메넬리크 2세 황제의 동상이다. 메켈레에선 요하네스 황제가 주요 인물이지만, 아디스에선 이 분이 유명하다.

드디어 피아자 광장 북쪽 편 언덕에 울창한 수풀로 둘러싸인 생 조지 교회가 보인다. 팔각형의 잿빛의 벽돌로 만들어진 단아한 신고전 양식의 건물이다. 입장료 50비르를 내면 교회 실내와 박물관 실내를 모두 들어갈 수 있고, 설명해 주는 가이드에게 약간의 팁을 주면 된다. 1916년 즈우디투Zewditu 여왕과 1930년 하일라 셀라시에 황제의 즉위식이 거행되었던 곳이다. 1896년 메넬리크 2세 황제 시절 착공하여 즈우디투 여왕 시절 완공되었다. 건물이 지어 질 당시 외국의 건축가들이 동참했는

생조지 박물관 전경

생조지 박물관 앞의
페트로스 신부 동상

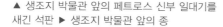

▲ 생조지 박물관 앞의 페트로스 신부 일대기를 새긴 석판 ▶ 생조지 박물관 앞의 종

데, 그리스, 인도, 아르메니아뿐만 아니라 이탈리아의 모스트 카스테나 Most Castena란 건축가도 동참했었다. 메넬리크 2세 황제는 이탈리아군의 첫 번째 침략시 현재 악숨의 지온 교회에 있는 유명한 모세의 십계를 새긴 돌Ark of the Covenant을 여기로 잠시 옮겨 놓았었다. 실내로 들어가면 중앙에는 사각형의 건물이 들어있다. 그리고 건물의 외벽에는 여러 벽화가 그려져 있는데, 대부분은 에티오피아의 국민 화가 에이프워크 테클레 Afework Tekle가 그렸다. 사면에 모두 벽화가 있는데, 윗편에는 하늘을 나는 천사와 아래편에는 하일라 황제와 즈우디투 여왕의 즉위식, 하일라 황제의 이탈리아군과 전투 장면, 의회에서 연설 장면, UN에서 지지를 호소하는 그림들이 그려져 있다. 그림의 완성도 또한 다른 교회에 비해 상당히 높다.

건물을 나와 뒷편의 박물관으로 향했다. 조그마한 종탑 건물로서 2층에는 큰 종이 있다. 박물관 앞편에는 페트로스 신부의 동상이 서 있다. 이전의 페트로스 광장에 있던 분과 같은 분이다. 그리고 그 앞에 이 분의 일대기를 암하릭어로 적은 석판이 있다. 그리고 입구에는 작은 종이 또 있다. 실내에 들어가면 메넬리크 황제 시절부터 하일라 황제 시절까지 사진들과 왕관, 우산, 총, 십자가, 지팡이 등이 전시되어 있다. 전시물을 보고 나와 2층의 종탑에 올라가도 되냐고 물어보니 흔쾌히 승낙한다. 하지만, 전망은 담장과 수풀에 가려 그리 좋진 않다.

2012/10/15 월

대사관에서 이메일로 공지가 왔다. 미화 3,000달러 이상은 에티오피아 반입과 반출이 금지라고 한다. 신고하지 않고 이 이상을 반입 및 반출 시 제재조치를 받을 수 있다. 아마 반입은 그렇다 치더라도 반출은 엄격하게 관리할 것이다. 에티오피아의 외환관리는 과하다 싶을 정도로 철저하다. 외화가 부족한 나라이기도 하고, 국가의 보수적 성향 탓도 있을 것이다. 더군다나 2011년에 비해 2012년 외국인 직접 투자액은 약 3억 달러에서 2억 달러로 감소했다. 은행에 항공권과 여권이 있을 경우 3,000달러까지 바꿔주는데 종종 은행에 3,000달러가 없어서 못 바꿔주는 경우도 흔하다. 그리고 바꾸면 여권에 3,000달러를 바꿨다는 확인 도장을 찍어, 다른 은행에선 바꿀 수가 없다. 물론 나름 환전 암시장도 있지만, 찾기가 힘들다. 나야 이런 규정을 넘을 만한 달러를 가지고 있지도 않지만, 어쨌든 주의가 필요하다.

2012/10/16 화

나디아란 아이를 이번 주 우리 집에서 보기로 했다. 캐나다에서 온 에티오피아 교민 3세 아이다. 우빈이와 칼렙 아카데미 한 반에서 공부하기도 했다. 엄마는 슬로바키아와 에티오피아인의 혼혈아이고, 아버지는 에티오피아인이다. 하지만, 부모들 역시 모두 캐나다에서 나고 자란 완벽한 캐나다 가족인 셈이다. 나디아 또한 영어만 한다. 그러다 보니 유치원에서 친구들을 못 사귀고 혼자 논다. 우빈이만 외국인인줄 알았는데, 또 하나

나디아와 함께

의 외국인 아닌 외국인이 있는 셈이다. 그래도 우빈이는 선생님이 딱 붙어서 챙겨주는데 비해 이 친구는 생김새는 에티오피아 친구들과 똑같아 선생님이 챙겨주지도 않는다고 한다. 나디아는 우빈이와 동갑인데, 아빠는 지금 미국으로 돈 벌러 갔고, 엄마는 에티오피아 시민단체 연합에서 일하기 때문에 봐 줄 사람이 없다고 한다. 사실 여기서 베이비 시터를 고용하는 게 큰 금액이 드는 것은 아니지만, 복잡한 사정이 있나 보다. 막상 아침 일찍 아이가 오고 나도 잠깐 보았는데, 남의 아기를 보는 것이 쉽지는 않다. 피부색도 다르고, 말도 다른 아이를 보는 것이 썩 내키지 않는다. 하지만, 우빈이는 친구가 생겨서 그런지 엄청 좋아한다. 그리고 어디 가니, 이거 뭐니 등 간단한 영어를 말하기 시작한다. 둘이 뛰어다니면서 신나게 논다. 집사람에게 우리도 에티오피아 고아를 하나 입양하면 어떨까 물어보니, 펄쩍 뛰며 반대한다. 물론 아직 한국에선 육아는 여성의 몫이 크기 때문일 것이다.

에티오피아는 잘 알려진 대로 입양아 수출국이란 오명을 갖고 있다. 2009년과 2010년 아프리카에서 외국으로 입양된 아이의 삼 분의 이가 에티오피아 출신이다. 에티오피아엔 약 70여 개의 입양 관련 단체가 있고 이 중 15개는 미국만 전문으로 하는 곳이다. 최대 입양국이 미국이기 때문이다. 요즘 미국에선 에이즈 양성 아이들만 입양하는 사람들도 있다. 진정한 사랑을 몸소 실천하는 분들이다. 한국에선 보기 드문 일인데, 그만큼 선진국 사회가 성숙했다는 생각이 든다. 수 년 전 브래드 피트와 안젤리나 졸리 커플도 에티오피아 아이를 둘이나 입양했다. 하지만, 이런 입양된 아이들이 좋은 부모를 만나면 좋겠지만, 그러지 않은 경우도 종종 있다. 영리를 추구하는 아이들의 인신매매로 전락하는 경우도 있는 것이다. 이를 막기 위한 헤이그 국제아동입양협약도 있는데, 아직 아프리카에서 여기 가입한 국가는 13개국에 불과하다. 또한 에티오피아에도 입양 부모의 요건이 충족되어야 입양할 수 있는데, 부모의 나이는 25세 이상, 결혼 1년 이상이며, 정신질환 내지 범죄의 기록이 없고 일정 소득 이상의 건강한 부부가 입양을 할 수 있다. 그리고 신청하면 약 9개월에서

1년의 절차를 거쳐 데려갈 수 있는 것이다. 어쨌든, 한국에서 이런 해외 입양아를 데려 오는 건 먼일 같고, 아직 한국이 가야 할 길은 먼가 보다.

2012/10/17 수

환자가 본격적으로 많아지기 시작한다. 내가 추적 관찰의 기간을 1~2주로 약속했기 때문에, 보통 추적 관찰을 잘 하지 않는 현지 의사에 비해 재진의 비율이 늘었기 때문이다. 간호사들은 쌓인 차트가 싫은지, 서로 내 방으로 들어가라고 미룬다. 보통 현지 의사는 10여 명을 보는데, 한국 의사들은 그 배 이상을 보기 때문이다. 사실 외국에서 환자를 보면 의사보다 간호사들이 더 부담이 많다. 내가 현지어가 짧기 때문에, 통역 까지 해야 하기 때문이다. 진정한 공로자들은 이 분들인 것이다.

제3회 코리아 아프리카 포럼이 서울에서 열렸다고 한다. 2006년부터 3년 간격으로 개최된 행사다. 에티오피아 신문에도 크게 실렸다. 18개 아프리카 국가와 150여 명의 인사가 참여했고, 양자간 투자와 협력 방안을 증진하자는 내용이다. 또한 아프리카 유니온의 공무원 교육 센터를 한국에 유치해 한국의 발전 경험을 전수할 계획이다. 내년 한국의 아프리카 원조를 1억 달러에서 2억 달러로 증가시킨다는 내용과 함께, IMF 에 따르면 2015년경 향후 고도 성장국 10개 중 7개가 아프리카가 될 것 이라는 전망도 내놓았다. 한국인에게 아프리카는 더 이상 먼 나라가 아 닐 것이다.

　재작년 9월 환율 인상 이후 폭풍처럼 휩쓸던 인플레이션이 작년에는 다소 수그러들었다. 신임 총리 대행인 하일라 마리암은 재작년 물가인상률 40%에서 작년 19%로 감소했다고 발표했다. 여기는 새해의 시작이 9월이므로 이 기준으로 한다. 금융 흐름 개선, 농업 생산량 증가, 거래의 현대화 등이 인플레이션 상승을 막았다. 그리고 정부는 인플레이션으로 힘들어진 농부들에게 씨앗과 농기계를 나누어 주고, 생계 곤란 가족에게 설탕과 곡물을 저렴한 가격으로 제공했다. 특히 일자리 창출은 에티오피아 정부의 초관심사인데, 여성과 젊은 층에게 우선적으로 제공한다고 한다. 그리고 시중에 외화가 부족하다는 소문이 돌지만, 정부는 커머셜 뱅크에 외환보유고가 12.5% 증가했다고 한다. 시중에 환율이 곧 20을 넘길 것이라는 소문이 돌긴 했지만, 일단 정부는 이를 부인한 셈이다. 아프리카 정부의 발표를 백 프로 신뢰할 순 없지만, 체감 물가도 작년에 비하면 나은 편인 건 사실이다. 인플레이션은 세계적 추세로, 이는 특히 아프리카에 사는 최하 극빈층의 삶에 직접적인 타격을 준다. 올해에는 인플레이션이 멈춰야 할 것이다.

에티오피아 스포츠 신문
▼

신문보급이 활성화되지 않아 신문을 찾기 어려움 아홉

2012/10/19 금

현재 에티오피아는 나일강의 상류 줄기인 청나일 강에 큰 댐을 짓고 있다. 이름은 에티오피아 그랜드 르네상스 댐으로 현재 11.4%의 공정률을 보이고 있다고 한다. 휴대폰 충전을 위한 그린 카드를 사면 앞편에 그려져 있는 그림이 이 댐인 것이다. 온 국민의 염원을 담아 국가 사업으로 진행하고 있고, 이 강이 완공되면 수력발전이 대세를 이루는 에티오피아 전기 사정과 물 사정이 호전될 거라 믿는다. 또한 정치적인 문제도 있어, 이집트 같은 나일 강 하류 국가에선 이를 달가워하지 않고, 국제 사회에 제재를 요청하는 형국이다. 하지만, 가끔 이 댐 건설을 보면 예전 한국의 평화의 댐이 생각나곤 한다. 정부의 불투명한 기금 운용과 전용의 가능성도 있을 것이다. 물론 예정대로 진행되어 에티오피아가 더 발전하길 바라는 건 에티오피아 국민과 나나 매한가지다.

2012/10/20 토

　자동차 창문과 선루프 버튼이 작동하지 않아, 마라톤 모터스 인근의
정비소로 바로 갔다. 마라톤 모터스를 통해서 가면 비용이 엄청나기 때
문이다. 지난번 차체 작업도 이 정비소에서 했는데, 나름 실력이 괜찮
다. 닛산 차를 다루는 니알라Nyala 모터스 건너편으로 1km 정도 쭉 들
어가면 주황색 문을 가진 정비소다. 정비소에선 먼저 마라톤으로 가라
했지만, 이야기를 잘 하니 알았다고 한다. 어쨌든 비교적 저렴한 비용인
600비르에 버튼을 수리하기로 했다. 다른 정비소보단 약간 비싸지만, 현
대차를 많이 다뤄 봐서 믿을 만하다.

오늘은 에티오피아 국민 화가인 에이프워크 테클레Afework Tekele의 집과 스튜디오가 목적지다. 피아자에 있는 생 조지 성당의 벽화를 그린 화가이기도 하다. 우리 집과 가까워서, 또라이 롯지 남쪽 방향 링로드 바깥쪽에 있다. 중국 대사관과 가나 대사관 간판을 따라 약 이백 미터 들어가면 성같이 생긴 건물이 보인다. 알록달록 칠을 한 입구에 빌라 알파Villa Alpha라고 적혀 있다. 이 화가의 작품들을 전시해 놓은 곳으로, 유명한 메스켈의 꽃, 에티오피아의 어머니, 시미엔 산 같은 작품을 감상할 수 있다. 하지만, 문에 쇠사슬이 쳐져 있다. 노크를 하니 한 경찰관이 나와서, 두 달 전 멜레스가 죽기 직전 이 화가도 사망했다고 한다. 그리고 이후로 폐쇄되었다. 사망해도 다른 대리인이 운영할 수 있었을 텐데 다른 복잡한 사정이 있나 보다.

우린 허탈한 마음을 외식으로 달래기로 하고, 사르벳에 있는 웅장한 아담스 파빌리온 건물 4층에 있는 가든 파라다이스 음식점으로 향했다. 여기는 전망이 좋고 가격도 그리 비싸지 않은 생맥주가 맛있는, 한국의 패밀리 레스토랑 비슷한 곳이다.

가든 파라다이스 음식점이 입주한 웅장경에 있는 아담스 파빌리온 빌딩

▼

굳게 문 닫은 빌라 알파

2012/10/22 월

　　피카두가 라스 데스타를 떠난다. 사실 그는 라스 데스타 소속이 아니
고 인근 케벨레의 보건소 소속이다. 다만, 몇 달간 임시로 인력인 부족한
라스 데스타의 요청으로 파견 나온 것이다. 내일부터 다시 보건소 소아
과로 떠난다. 이제 누가 내 새 파트너가 될지는 모르겠지만, 얼마 되지도
않았지만, 피부과 일에 슬슬 익숙해지기 시작한 피카두가 떠나니 조금
섭섭하다. 진료 중에 사타구니의 물사마귀 여자 환자가 내원했다. 성접촉
으로 인한 성병일 것이다. 이 곳에서 이러한 질환 유병율은 높다. 정확한
통계는 없지만, 가장 유명한 에이즈의 유병율이 도심지에서 7~8% 정도

하니 아마 이와 비슷하거나 높은 수준일 것이다. 문제는 정확한 진단 없이 방치 되는 경우가 대다수다. 이 환자 또한 물사마귀 외에 다른 성병이 있을 것 같아, 압출기로 제거 후 소변 검사와 피검사 등 오더지를 주었다. 하지만, 오더지를 주어도 절반은 검사 비용이 없어 그냥 가버리고 다시 오지 않는다. 향후 특정 지역을 대상으로 유병율 조사 및 치료, 추적 관찰의 연구가 필요할 것이다.

2012/10/23 화

퇴근길 정체가 심하다. 요새 멕시코부터 메스켈 광장까지 도로 한 가운데 줄을 긋고 땅을 파 놓았다. 현재 경전철 건설을 계획 중이라 한다. 아직 지하철을 팔 정도의 예산과 기술은 안 되지만, 이거라도 완공되면 교통 사정은 훨씬 좋아질 것이다. 하지만, 내가 있는 앞으로의 1년 내에 끝날 것 같진 않다. 사실 여긴 도로 포장의 질도 좋지 않고, 불법 주차, 로터리식 교차로_{통행량이 적을 땐 효과적이지만, 통행량이 많아지면 끔찍하다}, 미니 버스의 난폭 운전으로 차량이 조금만 많아져도 극심한 정체를 빚는다. 더군다나 요새 자동차 수도 급증하다 보니 시내 곳곳은 하루 종일 정체다. 현지인들은 여기 일조하는 미니 버스 드라이버들을 '블루 동키'라고 놀린다. 정체를 기다리는데, 한 현지인이 차 밖에서 아는 체를 한다. 말쑥하게 정장을 차려 입고 향수까지 뿌렸다. 자신은 이 근처 커머셜 뱅크에서 일하는 '파실라다_{곤다르 왕조의 황제 이름이다}'라는 48살의 남자고, 우리 집 인근에 산다고 한다. 그러면서 집까지 태워다 달라 한다. 보통은 거절하지만, 이웃사촌이라 태워줬다. 같이 차를 타면서, 에티오피아에 대해 이런저런 이야기를 나누는데, 우리 동네는 안전한 동네라고 한다. 자기는 태어나면서부터 여기서 살았고, 당시도 우리 집 바로 앞에 있는 캐나다 대사관저가 있었다고 한다. 그러다 보니 주변을 깨끗하게 정리했고, 아침 저녁으로 주민들끼리 자체적으로 방범단을 조직해 순찰을 돈다고 한다. 그리고 우리 동네의 축구팀이 있는데, 내일 하라르로 경기를 하러 간다고 한다. 그러면서 결국은 나한테 500비르의 기부금을 요구한다. 조그마한 수첩을 내미는데, 동네에 사는 외국인의 이름이 모두 적혀있다. 나는 차까지 태워줬는데, 초면에 이런 소리를 하니 조금 황당했지만, 완곡히 거절했다. 아직 이 사람의 신분을 모르기 때문이다. 가끔씩 에티오피아 사람들과 친구가 되기 어렵다는 생각이 드는데, 이런 일이 있기 때문이다. 누구의 잘못은 아니지만, 혼란스러울 때가 있다.

2012/10/24 수

　　한국의 한 중견 의류업체가 아이티에 직물 공장 기공식을 했다. 미 국무부가 주한 미대사관을 통해 먼저 제의를 했고, 이 업체는 공장 완공 후 미 수출 시 세제 혜택을 받는다고 한다. 이전에 기술한 것처럼 근래 제3세계에 대한 의류나 신발 등의 물품 원조에 대해 비판론이 제기되고 있고, 이에 부응한 미 정부의 정책 시행이다. 그리고 이 업체 또한 지리적으로 미국과 가까운 아이티에 공장을 신설함으로써, 세제 혜택과 더불어 미국 시장 진출에 유리할 것이다. 모두가 윈-윈할 수 있는 원조 문화의 성숙이라 생각한다. 또한 언젠간 에티오피아에도 이런 방식으로 한국 업체가 세운 공장이 들어설 수 있을 것이다.

얼굴과 손에 검붉은 여러 개의 반을 가진 젊은 여자 환자가 내원했다. 석 달 전부터 발생했다. 아무래도 약물에 의한 것으로 생각되어 이것저 것 물어보았다. 알고 보니 에이즈 환자로 1년 전부터 치료약을 복용하고 있었다. 여기서 가장 흔한 에이즈 치료약은 세 가지 약을 섞어 쓰는 삼제 요법으로 네비라핀Nevirapine, 지도부딘Zidobudine, 라미부딘Ramibudine이 가 장 많이 쓰인다. 전국적으로 미국에서 원조했기 때문이다. 그리고 기회 감염을 막기 위해 항생제 박트림TMP-SMX을 종종 첨가한다. 이 환자는 이 약물로 인한 광 약발진Photoallergic drug eruption으로 생각했다. 어떻게 보 면 약의 부작용 중 하나지만, 에이즈를 잡는 것이 더 중요하기 때문에 약 을 중단하기 보다 자외선 차단 등의 보조적인 방법으로 시간을 끌어 보 기로 했다. 이 나라는 에이즈 약이 생각보다 많이 보급되어 있어, 환자들 이 약을 쉽고 저렴하게 구할 수 있다. 그리고 치료제의 발달로 이젠 에이 즈도 더 이상 불치병이 아니고 제 수명을 누릴 수 있다. 물론 아직도 좋 은 첨단 치료제는 구미와 유럽의 부유한 환자들만 사용하나, 아프리카에 서 보급된 삼제요법의 약제들도 나름 훌륭하다. 사실, 아프리카와 유럽의 에이즈 바이러스 타입이 다소 다른데, 최신 연구는 주로 유럽쪽의 타입 에 초점을 두고 있다.

아무래도 나의 피부과 진료실도 에이즈 클리닉 바로 옆에 있고, 에이 즈 환자를 담당하는 알레마요가 이전에 피부과 환자를 보다 보니 내 환 자 중에도 절반은 에이즈 환자다. 심지어 에이즈 클리닉에서 일하는 간호 사도 에이즈 감염자인데, 항바이러스제를 나누어 주는 일을 하고 있다. 나에게 발가락의 사마귀로 왔는데, 차트를 보고 나도 우연히 알았다. 이 간호사도 이 약을 복용하고 있어 여기서는 에이즈 환자가 한 사회의 건 강한 구성원인 것이다.

오는 길에 프라임Prime 정육점에 들렀다. 아디스에도 돼지고기를 사기 가 쉽지는 않다. 국제교회 건너편에 있는 노비스 슈퍼마켓과 여기가 내가

돼지고기를 살 수 있는
프라임 정육점

아는 전부다. 프라임은 바티칸 대사관 인근, 천부반점 건너편에 있다. 하
지만, 오늘은 고기의 질이 좋지 않다. 가격은 노비스보다 약간 싸고, 혹
자는 노비스도 여기서 고기를 떼다가 파는 거라 한다. 하지만, 질은 가는
날마다 다르다. 운에 맡기는 것이다.

2012/10/26 금

　오늘은 Eid Al Adha_{Arafa}란 무슬림 휴일이다. 길거리에는 무슬림들이 노래를 부르며 시가 행진을 하고 있다. 무슬림은 에티오피아를 양분하는 두 번째 종교이다. 아브라함 예언자가 자신의 아들을 신에게 바친 것을 기념한다고 한다. 무슬림들은 새 옷을 입고 모스크를 방문해 기도를 드린다. 그리고 양이나 소를 잡으며 식구들과 식사를 함께 하며 아이들에게 용돈을 준다. 하지만, 국가적으로 공식적인 행사는 없다. 에티오피아 텔레콤에서 모든 무슬림들에게 축복을 빈다는 단체 문자 외에는 조용하다. 우리 식구는 공휴일 점심 외식 코스로 인도 요리를 선택했다. 이번에는 드림라이너Dreamliner 호텔 1층에 있는 자이카Jaica 인도 식당이다. 볼레 로드에서 가봉 스트릿으로 빠지면 높은 호텔이 보인다. 볼레 토탈 주유소에 있는 상암보다 가격은 약간 비싸지만, 시설이 더 좋다. 하지만, 음식은 비슷하다. 여기서 인도 요거트인 '라씨'를 네 잔이나 주문하니 식사하기도 전에 배부르다.

요거트 같은 라씨와 치킨 티카, 난

자이카 인도식당의 고급스런 실내

돕는다는 건 어려운 일

2012. 10. 28. – 11. 6.

2012/10/28 일

베타 마리암 능Beta Maryam Mausoleum이 오늘의 목적지다. 힐튼 호텔에서 언덕을 더 올라가면 고 멜레스 총리가 살았던 메넬리크 관저 밑에 있다. 정면에서 오른쪽으로 살짝 돌아 들어가야 한다. 입구부터 사람들이

입구의 행상인과 노숙자

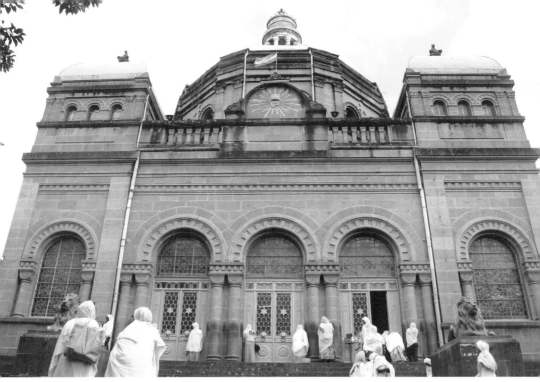

건물 전경

바글바글하다. 예수의 사진을 걸어놓고 확성기로 무언가를 계속 연설하는 사람들, 정교회 신부들, 보자기를 깔고 각종 곡식과 잡동사니를 파는 상인들, 그리고 행려병자와 노숙인들까지 다양하다. 아디스에는 거리의 걸인들만 백 만 명이란 이야기가 있는데, 이들은 자신이 죽을 날이 왔다고 생각하면 이렇게 유명한 교회 앞으로 온다. 교회에서 조촐하나 시신을 거두고 장례를 치러주기 때문이다. 가끔씩 끔찍한 몰골로 누워있는 사람들이 있는데, 이들이 그들이다. 옷을 다 벗고 똥오줌으로 범벅이 된 사람들이 누워 있다. 차마 식구들을 데리고 들어갈 순 없었고 나 혼자 들어갔다. 이런 사람들을 보면 의사인 나는 뭘 하나 싶고, 자괴

입구의 사자상

메넬리크 2세 황제의 관, 메넬리크 황제 가족과 하일라
황제 초상화, 메넬리크 2세 황제 부부와 그의 딸 초상화.

감도 든다. 학교와 병원에선 환자를 다루는 법을 10년 넘게 배웠지만, 여기서 내가 할 수 있는 건 하나도 없었다.

입구에서부터 영어를 잘하는 가이드가 붙는다. 처음엔 친절하게 무료로 해 줄 듯하더니 나중엔 결국 가이드비 100비르를 요구한다. 입장료도 사실은 30비르인데 100비르 달라 하길래 50비르만 줬다. 이 사람 때문에 기분이 상했지만, 어쨌든 교회 문을 지나 안으로 들어가니 아수라장인 밖과 달리 조용하고 교회 건물 주변으로 기도하고 교회 벽에 입맞춤을 하는 사람들만 있다. 실내로 들어가니 안에 내실이 있고 교회 양식의 건축물이

메넬리크의 행운의 의자,
메넬리크 황제 부부의 옥좌

에티오피아 정교회의 이집트인 교황,
하일라 황제 딸의 관

또 있다. 마치 피아자에 있는 생 조지 교회와 비슷했다. 그리고 사방엔 벽
화로 채워져 있다. 메넬리크 2세 황제의 아드와 전투, 쉬바 여왕의 대관식
이 높은 천장에 그려져 있다. 다시 이 실내로 들어가면, 신부가 카페트를
말아서 지하로 들어가는 쇠문을 열어 준다. 들어갈 땐 약간 섬뜻하지만,
지하실엔 뜻밖에 아름다운 조각물과 그림들이 있다. 그리고 세 개의 관이
나란히 있는데, 중앙의 메넬리크 2세 황제, 왼편에 타이투Taitu 여왕, 오른
편에 즈우디투Zewditu 여왕의 관이 있고 위에 초상화가 걸려 있다. 그리고
관들 앞에 나무의자 한 개가 있는데, 메넬리크 행운의 의자라고 한다. 여
기에 앉아 전쟁에 승리했다고 한다. 다른 한쪽 편엔 메넬리크 2세 황제와
그 부인의 옥좌가 있다. 그리고 한쪽 켠에 다른 관이 하나 더 있는데, 하일
라 황제의 딸인 짜하히 하일라 셀라시에Tsehai Haile Selasie의 관과 영정사진
이 놓여있다. 그리고 또 한 편에는 조그마한 사진이 있는데, 동시대를 살
았던 에티오피아 정교회의 교황으로 사실은 이집트 사람이었다고 한다. 이
교회의 하이라이트는 여기 지하실이다.

가운이 없어졌다. 다른 사람들은 가운을 자기 캐비닛에 넣고 열쇠를 채우는데, 나는 아직 캐비닛이 없다 보니 내 진료실 의자에 걸어 놓는다. 한국 같으면 신경도 쓰지 않았을 텐데, 처음엔 여기 사람들이 조심하라고 한다. 결국 누군가 가져갔나 보다. 이전에도 가운에 꽂아놓은 펜이 없어지곤 했는데, 가령 내가 두 개를 꽂아 놓으면 누군가 와서 한 개만 가져간다. 나름 양심은 있는 좀도둑인 것이다. 어쨌든 오늘은 가운 없이 진료를 본다. 이제 환자들도 내가 의사인지 알아 가운이 없어도 나에게 먼저 온다. 지난 주 여드름으로 온 13살 소녀에게 트레티노인 0.25%Tretinoin 0.25%를 처방했다. 한국은 이보다 훨씬 약한 농도의 제품이 있지만, 이 곳에는 0.25%가 유일하다. 그냥 괜찮으려니 하고 처방했는데, 역시 온 얼굴의 작열감과 얇은 딱지로 다시 왔다. 사실 피부과 의사들끼리 이런 부작용이 있으면 여드름에 대한 효과도 더 좋고 피부결도 좋아진다고 하는데, 어쨌든 가장 흔한 부작용 중의 하나다. 다른 기제와 섞어서 농도를 떨어뜨리고, 도포 빈도를 줄이라 하고 돌려 보냈다. 한국 같았으면 환자들의 불평도 한마디 들을 만하지만, 여긴 그렇지 않다. 에티오피아 국민들은 길거리에서 '짜이나'라고 놀릴지언정, 관공서나 병원에 오면 무척 온순해진다. 평생 의사 한번 보기 힘들 만큼 의사가 적기도 하고, 의사들의 사회적 지위나 진출이 높은 편이다. 고 멜레스 총리도 의과대학 출신이고, 현 보건부 장관도 의사가 하며 각종 단체장도 의사들이 많이 하고 있다. 후진국에선 아직 타 직역의 전문성이 부족하기 때문이 아닐까 싶다.

2012/10/30 화

　지난주 건선으로 진단하고 국소 스테로이드제와 자외선 치료를 추천
했던 환자가 다시 내원했다. 전혀 효과가 없다고 한다. 아마 오진의 가능
성이 있었다. 이틀 연속 환자들의 불편이 있다. 하지만, 오늘도 역시 환
자는 온순하고 한마디 불평도 하지 않는다. 어쨌든 진단을 윤상 육아종
Granuloma annulare, 원심 고리 홍반Erythema annulare centrifugum으로 재진단하
고, 전신 면역억제제인 스테로이드를 처방했다. 다음 주에도 반응이 없으
면 조직검사를 해야 할 것이다. 여기선 조직검사의 절차나 비용이 환자들
에게 부담스럽다 보니, 초진시 시행하는 것 보단, 치료에 반응이 없고 진
단이 어려운 꼭 필요한 경우에 한해 나중에 행해지는 경향이 있다. 이러
한 진료의 전반적인 수준의 발전은 나 혼자서 되는 일은 아니고 결국은
전반적인 국민 소득과 의식 수준이 향상되어야 성취가 가능할 것이다.

2012/10/31 수

다른 협의 가족과 가까이 지내는 분들과 함께 우리 집 정원에서 작은 가든 파티를 열었다. 각자 준비한 음식을 가지고 오기 때문에 우리는 와인과 주스만 준비하면 된다. 집주인이 놓고 간 테이블과 보를 정원에 갖다 놓으니 그럴듯하다. 사실 우리 집은 외곽에 있어 위치는 좋지 않지만, 정원은 내가 본 집 중에선 제일 아름답다. 한국에선 이런 근사한 정원 딸린 집이 엄청난 금액이겠지만, 여기선 도시화가 아직 되지 않다 보니, 시 중심에서 약간만 벗어나도 거의 모든 집이 정원을 가지고 있다. 마당과 집 앞 길거리엔 수 백년 된 나무도 흔하다. 아프리카에서만 누릴 수 있는 작은 호사다.

우리 집 정원

메켈레 시 중심가에 적십자 사무소가 크게 있다. 이런 적십자 사무소는 에티오피아 시내 곳곳에 있는데, 혈액 관리 등과 같은 국한된 업무를 보는 한국과 달리 에티오피아 적십자 사무소 연합Ethiopian Red Cross Society, ERCS은 다양한 사업을 한다. 농업 관개 용수 정비, 낙농과 채소 재배 기술의 향상 등에 신경을 쓴다. 각 지역 사무소마다 약 천만에서 이천만 비르의 예산을 사용하는데, 예를 들면 데시 사무소의 경우, 작년에 천 팔백만 비르의 예산으로 사업을 진행했고 스페인 적십자로부터 많은 예산상 도움을 받았다. 사실 이 지역에서 유능한 기관장이라 함은 이러한 원조를 잘 받아 내고 외국인들과 원만한 관계를 유지하는 능력을 갖춘 사람이다. 한국도 예전에는 그러하였을 것이다.

아디스에 있는 적십자 본부

한국인들에게 에티오피아 국가 이미지를 말해 보라 하면 가난, 빈곤, 기아, 커피, 6·25 참전국이 거의 전부일 것이다. 특히 1980년대 말과 2000년대 있었던 대기근은 이러한 이미지 고착화에 결정적 역할을 했다. 하지만, 감정적인 동정심을 배제하고 이러한 이미지가 과연 에티오피아에 좋을까 하는 생각이 든다. 이런 이미지를 통해 국제 기구의 원조나 선진국들의 원조를 받아 내기에는 용이할 수 있겠지만, 사실 원조나 구호에는 한계가 있다. 특히 일부 NGO에선 이런 빈곤 이미지를 현실보다 과장 왜곡하여 기부금을 끌어내기도 한다. 그리고 때론 물품 원조의 형식으로 티셔츠 백만 장, 운동화 백만 켤레, 책걸상 십만 개 같은 운동을 펼쳐 물건을 모아 에티오피아에 가져다 주기도 하는데, 이 또한 다시 생각해 볼 필요가 있다. 이미 에티오피아에는 신발과 티셔츠 제조 공업이 존재하고 간단한 공산품을 생산하는 설비도 있다. 이런 국가에 이런 물건을 뿌리는 것은 산업 기반을 흔들고 에티오피아 근로자들은 일자리를 잃게 되어, 정말로 선진국의 물자에 의존하게 되는 것이다. 이전에도 기술했지만, 차라리 에티오피아에 공장을 지어 일자리를 창출하는 것이 나을 것이다. 그리고 일부 NGO나 구호단체에서도 가난한 나라라는 이미지를 과장하여 이용하기 보단, 에티오피아의 아름다운 자연과 문화 유산을 홍보하여 에티오피아에 더 많은 선진국의 관광객이 방문하여 관광 산업을 발전시키던지, 아니면 에티오피아의 천연 가죽 수제화 등, 몇 가지 공산품을 홍보하여 선진국 국민들이 에티오피아 제품을 사서 쓰도록 하는 운동이 더 낫지 않을까 싶다. 물론 원조에 있어선 나는 개인적으로 한국의 국익이 우선이라고 생각한다. 아무리 도와준다고 하여도 타국에 한국의 핵심 원천 기술을 알려줄 수는 없는 것이고, 무엇보다 한국이 잘 사는 것이 먼저라고 생각한다. 하지만, 내가 에티오피아를 사랑하고 잘되길 바란다면 이런 식의 감정적 동정적 구호는 자제되고 진정 에티오피아 산업을 발전시킬 수 있는 역할이 필요할 것이다.

　　인도네시아 대사관에서 바자회를 연다고 한다. 아침 일찍부터 대사관 앞은 주차 차량들로 채워져 있다. 그리고 경찰들도 몇 명 서 있다. 오늘은 이런 불법 주차를 눈감아 주는 날인가 보다. 제목은 'Taste of Indonesia 2012'인데, 안에 들어가 보니 입구부터 그릴에서 향긋한 고기 굽는 냄새가 진동한다. 주로 인도네시아 길거리 음식들인데, 국수, 꼬치구이, 과자 등이 있고 뒤편에는 인도네시아 상품들이 전시되어 있다. 알고 보니 에티오피아에서 많이 사먹는 현지 라면이 인도네시아 산이고, B29 세제도 인도네시아 제품이었다. 근래 인도네시아의 경제 발전은 눈부셔서 특히 제3세계에서 인도네시아 제품을 많이 볼 수 있다. 이런 대사관 바자회는 아디스 라이프에 활력을 주는 행사인데, 이제 곧 전 세계 대사관들이 합동으로 바자회를 여는 대사관 바자회도 멀지 않았다고 한

입구의
안내 현수막

고기 굽는 사람들

다. 평소 에티오피아에서 찾기 힘든 각국의 식료품들과 공산품들이 눈을 즐겁게 한다. 하지만, 가끔씩 이런 행사가 에티오피아 유통 질서에 그리 좋지 않을 수 있다는 생각이 드는데, 에티오피아 상인들이 이런 행사를 좋아할까 싶다. 자신의 영역과 시장을 침범할 수 있기 때문이다. 그리 크지 않는 범위에서 각국의 특색 있는 문화를 즐기는 수준에서 그쳐야 하지 않나 싶다.

2012/11/4 일

　한국의 ODA 역사는 눈부시다. 수원국에서 공여국으로 바뀐 유일한 나라이고, OECD DAC의 수원국 리스트에서 2000년 제외되고 2009년에 오히려 가입하면서 본격적인 공여국으로서 역할이 시작되었다. 이러한 눈부신 발전을 바탕으로 제3세계의 모범이 되면서, UN 사무총장 내지 세계 은행 총재 배출도 이와 무관하진 않을 것이다. 사실 많은 원조 수여국이 원조의 덫Aid trap을 피하지 못하고 여전히 낙후된 상태로 있는 것에 비해 대조적이다. 이러한 원조의 시작은 1950년대 마셜 플랜으로 미국의 원조로 유럽 경제가 부흥하면서 황금기로 시작한다. 하지만, 이러한 성공 모델이 1970년대 오일 쇼크를 비롯한 여러 경제 위기로 원조가 실패하는 환멸기, 그리고 1980년대 원조 피로 현상Aid Fatigue을 보여준 잃어버린 10년의 시기를 거쳐 1990년대 가난은 피할 수 없고 부채 탕감이나 국제 기구의 통제를 받아야 하는 숙명론이 나오게 된다. 그리고 2000년대 들어 안보, 환경 등 새천년 개발 8대 목표Millennium Development Goals가 등장한다.

　하지만, 이러한 발전을 이룬 한국에 대해 대부분의 국민들은 뿌듯해하지만, 가끔씩 모두가 못살던 몇십 년 전이 더 행복했다고 하는 분들도 있다. 아디스에 오신 나이 지긋하신 분들은 오히려 판잣집이 넘치고 울퉁불퉁한 비포장길, 더러운 시냇물이 예전의 서울과 똑같고 전혀 낯설지 않다고 하신다. 우리 세대는 이러한 장면들이 새로웠지만 아버지, 할아버지 세대에선 시계를 되돌려 어린 시절의 모습을 다시 보신 것뿐이다. 하지만, 이 시기엔 빈부 격차나 계층간 차별이 많지 않았고, 물론 있다고 해도 이를 인식하는 국민들은 많지 않았다. 현재의 순박한 에티오피아 국민들처럼 누가 잘살고 누가 못살고를 비교하지 않으면서 그냥 그날 그날 하루를 사는 것이다. 비교가 없으니 오히려 하루의 식사에 감사하고 따뜻한 마음씨를 가지면서 이웃들에게 상냥한 인사를 건넨다. 한국인들은 인터넷을 통한 각종 매체로 모든 국민이 모든 정보를 아는 사회를 만

들어, 때론 이것이 사회 발전과 비판에 역동적 힘을 불어넣지만, 종종 심리적으로 황폐해지기도 한다. 악성 댓글, 무분별한 비방 등으로 말이다. 어쨌든 끼니 걱정하던 예전이 더 행복했다는 말들은 귀담아 듣고 무엇이 문제인지 나를 한번 생각하게 만드는 말이다.

2012/11/5 월

처칠 애비뉴의 끝자락 시청 앞 편에 있는 이탈리아 음식점, 카스텔리 식당Ristorante Castelli 주인이 인종차별주의자라고 한다. 이 가게 주인은 2대째 아디스에 살며 식당을 운영하는 이탈리아 내지 벨기에 사람들인데, 중국인을 비롯한 동양인들을 박대하고, 바가지를 씌운다고 한다. 그리고 잔돈을 거슬러 주지 않고 자기들이 알아서 팁을 챙긴다고 한다. 한국인들 사이에 이 식당은 가지 말자는 분위기가 팽배하다.

가끔 아디스 시내를 걷다 보면 에티오피아인들의 인종차별에 깜짝 놀랄 때가 있는데, 특히 동양인들을 보면 '짜이나'라고 놀려대기 일쑤다. 그러다 보니 동양인들과 마찰도 많고 폭력 사태까지 빚어지는 경우도 흔하다. 지난 수십 년간 중국인들이 부를 착취했다고 생각하고, 중국인들은 낮은 사회 경제적 상태를 가진 노무자들을 많이 보냈고 이들이 저지른 범죄도 많다고 한다. 유치원에선 '짜'란 암하릭 단어를 '짜이나'로 외우게 한다. '에이'는 '애플', '비'는 '볼', 이렇게 해서 '짜'는 '짜이나'라고 가르치니, 꼬맹이들도 지나가는 동양인들을 보면 '짜이나'하면서 따라다닌다. 에티오피아인들은 정부의 닫힌 사회 만들기로 인해, 국수주의적 분위기가 팽배하다. 동양인뿐만 아니라 길거리에서 외국인들만 보면 따라 붙고 '포린지' 하고 들러붙기 일쑤다. 외국인이 사업을 해도 세금은 무조건 두 배고, 각종 행정적 제약도 많은 편이다. 자신의 가난과 외국인들의 착취에 대한 컴플렉스로 빚어진 현상이라고 생각한다. 에티오피아가 다시 한번 도약하려면 먼저 이런 국수주의적 인종차별부터 해결해야 할 것이다.

　　라스 데스타 병원으로 출근 할 때 요즘 항상 서울의 외곽순환고속도로 같은 링로드를 이용한다. 조금 돌아가지만 시내보다 덜 막히기 때문에 시간이 절약되기 때문이다. 그리고 아프리카의 출퇴근 시간엔 별로 운전하고 싶지가 않다. 하지만, 종종 사람들이 무단 횡단을 하는 걸 자주 보는데, 좌우의 담장을 넘어 도로를 건넌다. 육교는 멀기 때문이다. 심지어 오늘은 갓난아기를 업은 엄마와 아빠가 담장을 넘어 내 차 앞에서 무단 횡단을 했다. 또한 고속도로에서 아이들이 돌멩이로 골대를 표시하고 축구까지 하는 것도 보인다. 사실 링로드 북쪽 끝자락은 공사가 아직 끝나질 않아서 길이 더 이상 연결되지 않아 차량이 많지 않긴 하지만, 위험천만해 보인다. 에티오피아는 아프리카에서 교통사고 사망률이 제일 높은 곳이다. 운전자와 보행자 모두 안전 의식이나 양보 의식이 아직은 부족하다. 물론 한국도 난폭 운전으로 유명한 나라이긴 하지만, 이 곳은 아직 의식 개선이 더 필요하다. 또라이 롯지에는 큰 미니 버스 정류장이 있어 아디스 서쪽 교통의 요지인데, 질서 문화가 없다 보니 사람들이 미니 버스가 오면 줄도 없이 짐승처럼 달려든다. 하지만, 근래 요 며칠 전부터 한 사람이 나서서 줄을 세우기 시작했다. 물론 종종 줄 서는 사람 중에 왜 줄을 세우냐며 따지고 흥분하는 사람도 있지만, 에티오피아 사람들은 이런 면에선 놀랍고 순박하리만큼 지도자의 지시에 착실히 잘 따른다. 에티오피아 국민성은 아직 미숙하지만, 훌륭한 지도자를 만나면 일사불란하게 단체 행동하는 것이 에티오피아의 또 다른 가능성이라 생각한다.

가난해도 아름답게

2012. 11. 9. – 12. 7.

2012/11/9 금

대사관에서 '까트khat' 복용자를 주의하고 한국인들의 복용 또한 자제
해 달라는 공지 메일이 왔다. 현지인들이 커피, 담배처럼 질겅질겅 씹고
다니는 까트는 시내 곳곳 어디서나 쉽게 보고 구할 수 있다. 갈대 잎으
로 큼지막한 어른 머리 두세 개 크기의 원뿔 모양을 만들고 이 안에 푸
른 잎을 말아서 넣어 놓는다. 까트는 한국에서 마약류로 분류된 암페타
민 성분이 들어있고, 검사시 마약 복용자로 판명된다. 현지인들 중에 종
종 길거리에서 껄렁껄렁하고 불량한 태도로 사람들을 대하는 사람들 중
상당수는 까트 복용자다. 트럭 또는 미니버스 드라이버들도 많이 복용한
다고 한다. 한국인을 비롯한 외국인들은 맛도 씁쓸하고 문화도 달라 거
의 복용을 하지 않지만, 재미로 한두 번쯤 해 본다는 사람들도 있다. 현
지인들에게 까트 농사는 매우 매력적이어서 1kg당 커피 농사를 짓는 것

까트를 파는 상인들

보다 열 배의 수익을 낼 수 있기 때문에, 종종 허가만 받으면 기존의 커피 밭을 갈아 엎고 까트 농장으로 바꾸기도 한다. 어쨌든 까트는 길거리에서 재미로 볼만한 구경거리지만, 조심할 필요는 있다.

2012/11/10 토

차를 타고 시내를 운전하면, 신호를 기다리거나 차량 정체가 조금이라도 있으면, 어김없이 거지들이 나타나서 창문을 똑똑 두들긴다. 그리고 입을 가리키거나 손으로 인제라를 먹는 흉내를 내며 돈을 요구한다. 사실 많은 금액을 요구하지도 않아, 일 비르 내지 이 비르, 가끔 운 좋으면 10비르 짜리 지폐를 받기도 한다. 그리고 거지가 몸이 문드러지고, 심각한 장애인일 경우, 그리고 갓난아기를 업거나 젖을 물리고 있을 경우 더 많은 금액을 받기도 한다. 나도 처음에 왔을 땐, 동전 몇 개씩 집어 주곤 했다. 하지만, 과연 이런 적선이 그들에게 도움이 될 지는 다시 생각해 봐야 할 것이다. 받은 사람은 한끼의 식사를 해결할 수 있고, 준 사람은 5분간의 뿌듯함을 느끼겠지만, 이것이 전부는 아닐 것이다. 어떻게 보면 거지들은 자신들이 당면한 문제를 외면하고 도피하는 것이고 의존성만 키울 수 있다. 자신의 병마와 가난과 싸우려 하지 않고, 돈 많은 사람들만 조금 귀찮게 하면 되는 걸로 고착화될 수 있는 것이다. 심지어 어떤 엄마는 자신의 아기에게 일부러 화상을 입혀 구걸하는데 도움을 받는다고 한다. 또한 구걸하는 행위 자체는 인간의 기본적인 존엄성을 해치는 것이고, 태어나면서부터 하늘이 준 고귀한 인권을 침해 받는 것이다. 이러한 거지 적선에 관한 글들을 읽어보고 나 또한 이후엔 창문을 두들기는 거지를 보면 주머니에 손이 들어가다가도 다시 나온다. 그리고 극심한 장애아를 키우는 아기 엄마 같은 경우가 아니면 이들을 외면하기 시작했다. 혹시 내가 십 년이나 이십 년 후 에티오피아를 다시 온다면, 그때는 이런 길거리의 거지들이 없어지길 바란다.

현재 세계은행의 총재는 한국계 미국인인 김용 박사다. 어릴 때 미국으로 건너가 하버드 의대를 졸업하고 다트머스 의대 학장을 지내시다 세계은행 총재로 발탁되셨다. 많은 평론가들이 세계은행을 독식하고 있는 백인 중심에서 제3세계의 다른 인종에게 기득권을 양보한 것이라고 본다. 이 중심에 한국이 있어 기분이 뿌듯하다. 세계 은행은 근본적 취지가 극빈 국가를 돕고 금전적 세계의 불안정을 해소하는 것이다. 하지만, 정작 이들을 움직이는 것은 가난하지 않은 본부가 있는 워싱턴 사람들이다. 2005년 노벨 평화상을 받은 유누스는 세계은행의 본부를 방글라데시의 수도 다카로 이동해야 한다고 주장했다. 이 분은 글을 읽을 줄 모르고, 담보가 없는 서민층을 위해 소액 신용 대출 은행인 그라민 은행을 설립해 노벨상을 받으신 분이다. 이후 많은 유사 기관이 마이크로 크레딧이란 이름으로 세계 각지에 설립되었다. 한국에도 미소금융대출이란 프로그램이 생겼고, 에티오피아에도 마이크로 데빗Micro Debit이란 기관이 시내에 있다. 어쨌든 이분의 주장대로 세계은행 본부가 현재 워싱턴에서 다카를 비롯한 후진국으로 이동하게 되면, 약 오천 명에 이르는 고액 연봉을 받는 미국 백인 엘리트들의 절반은 일자리를 그만 두고 다른 월 스트릿의 은행에 취직할 것이다. 다카를 비롯한 제3세계에는 특별한 문화시설이나 사교 클럽도 없고, 자녀들을 위한 교육기관도 없기 때문이다. 그러면 그 자리를 다카의 인건비가 싼 방글라데시 대졸 고급 인력으로 채울 수 있고, 제3세계의 취업률 상승을 볼 수 있다. 그리고 그만 둔 절반의 인력 이외 따라온 나머지 절반의 백인 엘리트들은 진정으로 3세계의 현실에 뜨거운 열정으로 대할 준비가 되어 있는 사람들이다 보니, 이또한 부수적 효과일 것이다. 이분의 이런 주장 이후에 세계 기구 본부의 수장이나 위치를 제3세계로 옮겨야 한다는 주장이 제기되고 있다. 사실 세계 은행에서 매년 제3세계에 평가 사절단을 보내고 보고서를 바탕으로 지원 금액을 결정한다. 사절단 십여 명은 이 기간 동안 특급 호텔에서 머무르며 컨퍼런스를 열고, 비행기 일등석을 탄다. 이 며칠간 일정으로 수십만 달러의 예산이 훌쩍 소요되는데, 사실 이 비용은 제3세계 농촌 한 마을 일년 수입과 맞먹는다. 에티오피아 시골에선 십만 달러로 우물 10개를 파거나 학교 두세 개를 신설할 수 있는 비용이다. 그리고 세계은행의 원조에 길들여진 국가는 어제 길거리에서 본 거지들과 똑같은 현상을 겪게 된다. 어쨌든 이런 비판 여론으로 인해 한국은 여러 모로 위상을 높일 수 있었는데, 반기문 UN 사무총장, 김용 세계은행 총재, 근래 인천송도 녹색기후자금GCF 본부 유치 등, 걸쭉한 실적을 낼 수 있었다. 한국은 공여국에서 수여국으로 바뀐 유일한 나라이며 제3세계 국가들의 모범이 되고, 실제로 아프리카에서도 '한국'하면 한류 열풍과 함께 호감도가 상당히 높다. 어쨌든 제3세계의 발전과 한국의 국익에 어느 정도 연관성이 있을 것이다.

2012/11/12 월

　다 헤진 누더기 옷을 걸치고, 두 아이를 등에 업고, 가슴에 안은 아기 엄마가 병원에 왔다. 무슨 일이냐 물어보니 얼굴에 잡티를 제거하려 왔다고 한다. 나는 깜짝 놀랐지만, 내 앞의 간호사는 아무렇지 않게 당연하지 않냐는 표정이다. 에티오피아에도 한국에서 자주 쓰는 미백 성분인 하이드로 퀴논 4%hydroquinone 4% 크림이 있어 기미 환자 등에 종종 처방하는데, 인도산 제품으로 가격은 200비르11~12USD를 조금 넘는다. 하지만, 에티오피아 평균 생활비가 천 비르 내외인 것을 감안하면, 싼 금액은 아니다. 더군다나 두 아이를 키우는 가난한 엄마에게 선뜻 처방전을 써 주기가 미안하다. 병원에 제일 어린 두 아이를 데려 왔지만, 아마 집에는 서너 명의 아이가 더 있을 것이다. 보통 여기선 십 대 중반부터 출산과 육아를 시작해 이십 대 초반에는 이미 수 명의 아이 엄마가 되는 경우가 허다하기 때문이다. 내가 가격에 대해 얘기하고, 일단 처방전을 써 줄 테니 집에 가서 남편과 상의하고 결정하라 했다. 하지만, 이 여자가 얘기하길 남편과 상의하면 무조건 반대할 것이고, 자기가 몰래 모아 놓은 돈이 있으니 걱정하지 말고 처방전을 달라 한다. 어떻게 생각하면 때론 미에 대한 욕구는 여성에게 있어 식욕과 수면 욕구보다도 중요한 것이 아닌가 싶다.

미니버스를 기다리는 여성들

　혜영 : 한식당 레인보우 인근의 재래시장에 다녀왔다. 르완다 마켓이라고 부르는데 르완다 스트리트와 인접해 있어 붙여진 이름이다. 주 고객은 역시 중국인으로 중국인들이 선호하는 두부, 숙주, 부추, 배추, 무 등을 파는데 가격은 외국인들이 다니는 밤비스나 쇼아 같은 대형 마트보다 20퍼센트 정도 저렴하다. 현지인이 운영하는 작은 가게가 스무 곳 정도이고 골목으로 좀 더 들어가면 Turkish airline이 입주한 건물 1층에는 중국인이 직접 운영하는 상점도 있다. 대형마트보다 신선한 야채와 에티오피아에서는 구하기 어려운 식재료들을 있어 유용하지만 아쉽게도 우리 집과는 멀어서 자주 오게 될 것 같지는 않다.

르완다 재래시장

메켈레도 그렇고 아디스에도 시내에 누공 병원Fistula hospital이란 간판
이 있다. 난 처음에 이 이름이 뭘 의미하나 싶었는데, 미국계 자선 단체에
서 이 질환을 치료하기 위해 세운 전문병원이라고 한다. 의사들에겐 익
숙한 질환이지만, 일반인에겐 다소 낯설 수 있다. 하고 많은 질환 중에
하필 왜 이 질환인가 했더니, 여기에는 에티오피아 여성들의 사연들이 있
다. 보통 누공이란 질환은 항문 주변으로 직장과 연결되는 비정상적인 길
이 생기는 질환인데, 이것이 생기면 대변이 항문으로만 나오는 것이 아니
고, 주변 엉덩이에 새로 생긴 구멍으로도 새어 나온다. 때론 이런 누공
이 여성의 질과도 연결되어 질에서 대변이 나오는 것이다. 이 뿐만 아니
라 염증과 통증도 심해서 외과적 수술적인 치료가 꼭 필요한 질환이다.
한국에선 이런 질환이 생겨도 외과 병원에서 쉽게 치료해 그 심각성을
모르지만, 여기는 이야기가 다르다. 보통 에티오피아 여성들은 출산 시
무릎을 굽힌 채 쪼그려 앉아서 낳는다. 그리고 보통 십 대 중반, 심지어
8~9세부터 성관계를 시작한다. 이러다 보니 질과 항문에 비정상적인 큰
압력이 가해지고 이 때 항문 벽 내지 질에 손상을 입힌다. 그리고 질이나
항문 주변에서 대변이 나오기 시작하면, 냄새가 심하고, 심지어 파혼 당
해 남편과 가족에게 버림받는다. 종종 길거리에 보면 거적대기를 가지고
심한 냄새를 풍기면서, 길거리에서 자는 여성들을 볼 수 있는데, 이런 여
성들이 상당수다. 단순히 항문 질환으로 이런 생활을 하는 인권의 파탄
을 볼 수 있다. 여기는 이런 누공을 치료할 수 있는 그리 복잡하지 않은
의료 시설과 외과 의사들만 있으면, 이런 현상을 피할 수 있는 것이다.
이전보다 많이 나아지는 추세지만, 여전히 적절한 의료 서비스가 이루어
지지 않고 있다.

2012/11/15 목

켈로이드Keloid는 상처 치유 과정에서 비정상적인 조직의 과증식으로 발생한다. 유달리 흑인 피부에서 많이 발생하나 그 이유는 아직 모른다. 주로 동양인은 앞가슴, 등, 귓볼 등에 발생하고, 지금은 BCG 예방접종 방식이 달라졌지만, 예전에는 불주사라고 흔히 부르는 이 접종을 어깨에 맞은 이후 흉터를 가지고 있는 사람들이 많았다. 어쨌든 이 흉터 질환의 치료는 생각보다 쉽지는 않아서 수술로 하자니 재발도 잦고, 약물로 하자니, 시간이 오래 걸린다. 여기 아디스에서는 이런 켈로이드 치료를 할 만한 곳이 알러트 병원과 블랙 라이언밖에 없다 보니 내가 근무하는 라스 데스타에 피부과가 생겼다는 소문을 듣고 사람들이 찾아오기 시작했다. 하지만, 의사의 손이 많이 가고, 여긴 시술 준비도 한국처럼 원활하지 않아 애를 먹기 일쑤다. 그리고 어릴 적 수두를 앓고 나서 온 몸에 켈로이드가 있는 환자를 치료하다 보면 한두 시간이 훌쩍 가 버리기도 한다. 흑인들은 잘 생기긴 하지만, 치료에 대한 반응도 동양인보다 좋아서 3주 뒤에 오면 반쯤 줄어있는 경우도 흔하다. 어쨌든 썩 반갑진 않지만, 아프리카 여성들이 아름다워지고 싶다는데 말릴 수는 없는 노릇이다.

2012/11/16 금

　아디스아바바 에이즈 예방청이 아디스의 에이즈 유병율을 5.2%로 발
표했다. 작년 9.2%로 발표한 거에 비하면 많은 발전을 이루었다. 이 센터
에서는 에이즈에 대한 무료 상담과 무료 진단을 해 주고 있다. 'Getting
Zero'라는 슬로건을 내걸고 왕성한 활동을 열고 있다. 보통 생각하길, 유
병율은 아디스 같은 대도시가 가장 높고 중소 도시가 그 절반 정도, 그
리고 농촌 지역은 그 반의 반 정도로 생각한다. 아디스 같은 대도시가 제
일 높은데, 여기다가 지부티에서 오는 길목에 있는 트럭 기사 같은 외지
인 출입이 많은 도시도 아디스 못지 않다고 한다. 사실 제3세계, 특히 원
조 수여국에선 더 많은 원조를 끌어내기 위해 이 수치를 다소 높여서 발
표하는 경향이 있다. 하지만, 작년의 유병율에 비해 절반까지 떨어진 것
은 이제 원조에 대한 인식이 바뀌지 않았나 하는 생각이 든다. 물론 통계
모집단 선정에도 어떤 오류가 있었을 지는 모른다. 어쨌든 나는 이 발표
를 전적으로 신뢰하진 않지만, 원조의 인식 변화가 있었던 실제로 유병율
이 감소했든 모두가 긍정적인 변화인 건 사실일 것이다.

　　주말에 종종 시내에서 리본 장식을 단 차량들이 적게는 한두 대에서 많게는 수십 대까지 일렬로 행렬을 이루고 경적을 울리면 달리는 걸 본다. 가장 거창했던 행렬은 최신 검정 벤츠 차량 십여 대와 승합차들 수십여 대가 달리는 걸 보았다. 이는 이제 막 결혼식을 마친 신랑과 신부들을 축하하는 행렬인데, 사실은 에티오피아 고유의 풍습은 아니다. 보통 에티오피아 사람들은 결혼식이 끝나면 강강수월래처럼 둥글게 모여 춤을 추고 이후 춤을 추며 행진한다. 이런 차량 행렬은 그 유래는 모르겠으나 아마 유럽 쪽이 아닌가 싶다. 근래 뉴스에 남부 프랑스에서 이런 행렬이 너무 시끄럽고 행인들에게 방해를 준다 하여 법적으로 제제를 가하기 시작했다고 한다. 아직 에티오피아에선 이런 행렬이 많지도 않고 사람들도 특별히 피해를 본다고 생각하지 않아, 이런 제제 법률이 생길지는 모르겠다.

할례|Female genital mutilation and cutting라는 풍습은 한국인이라면 어릴 적 교과서나 언론으로 누구나 한번쯤 접해 봤을 것이다. 소말리아 출신의 슈퍼모델 '와리스 디리'를 소재로 만든 2009년 영화 '사막의 꽃Desert Flower' 을 보면 이런 이야기가 잘 나와 있다. 소말리아와 더불어 에티오피아 동부 지역도 이런 풍습이 아직 있다고 한다. 사실 난 병원에 있으면서 할례를 받고 병원에 오는 환자는 한 번도 보지 못했고, 동료 의사들도 아직 접해 보질 못했다. 그리고 의과대학생들에게 물어보니, 그런 풍습은 이제 없다 했다. 하지만, 약간 부끄러워하면서 이야기하길 꺼리는 느낌을 받았다. 사실 나는 동부 국경지역까지 의료 활동을 나가보지 않아 이 시술의 정체를 잘 모르긴 하지만, NGO에선 이 이야기를 다소 과장하는 것이 아닌가 하는 생각도 든다. 물론 할례 여성이 풍습에 따라 병원에 내원하는 것을 극도로 꺼릴 거라고 예상하지만, 분명한 건 도심지역에선 없다는 것이다. 나중에 동부 지방 농촌 지역에 의료활동을 나간다면 한번 조사해 보고 객관적 자료를 제시해 볼 필요가 있다.

2012/11/19 월

에티오피아 시내를 걷다 보면 다리를 저는 사람, 앉은뱅이 노숙인들을 무척 자주 접하게 된다. 물론 이 중 구걸하는 걸인들도 있지만, 멀쩡히 자기 직업을 가지고 열심히 사는 사람들도 많다. 교통사고 이후 치료가 적절치 않아 운동 기능이 떨어진 경우도 있지만, 많은 경우는 소아마비로 인한 것이다. 한국에선 거의 100% 받는 폴리오Polio 바이러스 감염에 대한 백신 접종이 많이 보급되지 않았기 때문이다. 오늘 남부 에티오피아의 아와사 인근 Dasenech 지역에서 소아마비 백신 보급과 접종 캠페인을 벌였는데, 60명의 전문가를 배치하고 12,000명의 어린이들에게 혜택을 줄 예정이라 한다. 그리고 이 결과 약 62,000명의 어린이 중 15%까지 접종 비율을 올릴 예정이라 한다. 그리고 서부의 감벨라Gambella 지역에서도, 4일 동안 직접 방문Door to door campaign을 통해 13개의 군Woreda뿐만 아니라, 퍼그니도Fugnido 난민촌까지, 52,700명의 어린이게 접종할 예정이라고 한다. 감벨라 지역에는 지난 10월 동일한 캠페인으로 52,800명의 어린이가 접종을 받았고, 이번이 두 번째이다. 그리고 비용은 유니세프에서 지원을 받는다고 한다. 하지만, 아직 한국의 100%에 비하면 턱없이 낮은 수준이다. 종종 이런 달성이 언제 될까 싶지만, 근래 에티오피아의 발전 속도를 보면 100% 달성도 멀지 않았다고 본다.

　　외래로 환자가 왔을 때 주사 치료가 필요하면 절차가 좀 복잡하다. 처방전에 약 앰플은 물론, 주사기, 고무 튜브, 소독 솜, 거즈 등 필요한 모든 것을 적어야 한다. 그러면 환자는 처방전에 포함된 약을 포함한 모든 물품을 원내 약국 내지 원외 약국에서 구입하고 다시 온다. 보통 병원에 이런 물품들이 준비되어 있지 않기 때문이다. 설령 준비를 해 놓는다 해도 다음 날이면 없어지는 경우도 다반사다. 그러다 보니 이런 술기 처치 처방이 위축되기 마련인데, 그 피해는 결국 고스란히 환자가 짊어지게 된다. 한국이야 병원에 이런 셋팅이 모두 갖춰져 있어서 환자들의 불편이 없지만, 여기는 이야기가 다른 것이다. 이러한 셋팅은 사소하고 개인적인 문제 같지만, 결국은 국민들의 전반적인 소득 수준과 국가의 경제 수준이 발전되어야 갖춰질 것이다.

　　에티오피아 뉴스에 한국의 경제 발전상에 대해 특집 기사가 실렸다. 한국의 모 대학 경제학과 교수를 인터뷰 한 것으로, 1960년대 군사 정권 시절의 5개년 경제 개발 계획부터, 이후의 민주화 과정까지, 대기업과 중소기업, 빈부 격차, 경공업과 중공업, 서비스업까지 모든 분야를 망라한 A4 6쪽의 보고서다. 이 기자도 국민 소득이 60년대 수십 달러에서 현재 이만 달러를 상회하는 발전은 기적이라고 표현한다. 정부의 체계적이고 부패 없는 계획, 근로자의 근면, 높은 교육열이 발전의 원동력이라고 짚고 있다. 하지만, 개인적인 생각엔 이웃 나라 역시 중요한 요소라고 생각하는데, 중국과 일본의 경제 발전도 결국 우리 경제와 상호 작용하며 시너지 효과를 내지 않았나 싶다. 어쨌든 이런 기사를 보면 매우 뿌듯하다. 이전 세대에선 해외에 나가 한국인이라고 하면 부끄러워했던 시절이 있었을 수 있지만, 이젠 세상이 바뀌었다고 생각한다.

혹자는 한국에도 빈곤층이 많은데 굳이 해외까지 나가서 도와야 하냐고 의문을 갖는다. 물론 이젠 한국인의 해외 원조에 대한 의식 수준 향상과 공감대가 형성되었지만, 여전히 이런 의견이 있는 건 사실이다. 사실 이 분들의 견해도 결코 틀리진 않았다고 보는데, 어떻게 보면 선진국의 빈곤층이 후진국의 빈곤층보다 느끼는 상대적 박탈감은 더 크다고 본다. 후진국의 빈곤층에겐 음식, TV, 세탁기, 옷, 단칸방이라 하더라도 화장실이 딸린 집이 있다면 더 이상 빈곤층이 아니기 때문에, 선진국의 빈곤층은 후진국의 빈곤층이 상상할 수 없는 경제적 우위에 있다. 하지만, 정서적 박탈감은 더 크다. 물론 빈부 격차는 이곳도 있고, 다른 아프리카 국가보다는 낫지만, 정서적 빈부 격차는 선진국만큼 심하지 않다. 사실 후진국에도 빈부 격차가 있다 해도, 길거리에 보면 집이 없는 아이나, 집이 있는 아이나 다 같이 땅따먹기 놀이도 하고, 축구도 하고 논다. 하지만, 선진국 특히 미국 같은 경우 부유한 지역의 백인 아이가 슬럼가의 흑인 아이와 노는 걸 보는 건 불가능할 것이다. 한국의 경우도 점점 계층 간의 분화가 지속되고 있어 곧 이런 전철을 밟지 않을까 싶다. 어떻게 보면 끼니를 굶는 것보다도 상대적 빈곤감이 사람을 더 불행하게 만들 수도 있는 것이다. 아직 에티오피아는 절대적 빈곤을 해결하기 위한 정책이 나오는 수준이고, 사람들도 상대적 박탈감에 대한 관심은 아직 적다. 결국 후진국의 절대적 빈곤과 선진국의 상대적 빈곤은 모두 다 잡아야 하는 두 마리 토끼인 것이다.

스스럼 없이 어울리는 동네 청년들

한국에서 주말에 박물관이나 민속촌엘 가면 초등학생들로 북적인다. 보여주고 느끼게 해주고 싶은 부모의 교육열 덕분일 것이다. 하지만, 아디스에는 민속박물관과 국립박물관, 자연사 박물관 등 박물관이 몇 되지 않고 민속촌 같은 것은 아예 없는 데도 이런 곳은 항상 한적하다. 에티오피아 신문 기자가 한국의 민속촌을 방문하고 방문기를 기사에 실었다. 먼저 이 기자는 어린 학생들로 붐비는 것이 놀랐고, 전통 풍습과 마을을 보존해 놓은 것에 놀랐다. 수백 년 전의 조상을 기리고 보존하는 것이 한국인에겐 중요한 관습인데 이들에겐 그렇지 않기 때문이다. 사실 에티오피아의 역사를 보아도, 지난번 간략하게 기술했지만, 7세기의 악숨, 13세기의 랄리벨라, 18세기의 곤다르 왕조 사이사이는 비어 있는 곳이 많다. 누구도 왕조의 이름과 왕의 이름, 심지어 수도의 위치까지 모르는 경우가 많고 단지 추정만 할 뿐이다. 유목민처럼 옮겨 다니기도 했고, 이탈리아 침공 시 많은 사료가 소실된 이유도 있을 것이다. 그리고 척박하고 물이 부족한 드넓은 땅에서 현세에만 충실하다 보니 그럴지 몰라도, 과거를 기록하고 남기는 것이 부족하다. 이 기자는 마지막에 민속촌처럼 에티오피아도 한국을 본받아 과거를 재현한 전통 마을을 만들고, 아이들을 견학시키자고 한다. 어쨌든 요즘 에티오피아 뉴스에 한국이 특집으로 매일 나온다.

2012/11/23 금

　가난한 사람들에 대한 편견은 거의 모두에게 있다. 특히 한국인들의
편견은 다른 나라 사람들보다도 심한데, 때론 이런 편견이 한국이 가난
을 빨리 벗어나는데, 도움을 주기도 했지만, 역효과도 있는 법이다. 흔한
편견으로 가난한 사람들은 게으르다. 거짓말을 한다. 남을 사기 친다거
나 기만해서 돈을 갈취하려 한다. 항상 불평불만으로 가득 차 있다. 빌린
돈은 갚지 않는다. 자신의 운명을 개척하려 하지 않고 노예 근성이 있다.
항상 가진 자를 적대시 한다. 저축할 줄 모른다. 등등 나열하기도 어려울
만큼 많다. 하지만, 에티오피아에 살다 보면 일단 이런 편견들은 모두 틀
렸다는 사실을 알게 된다. 먼저 시골 아낙네들과 농부들, 가드들은 새벽
부터 일어나서 일을 시작하고, 해가 질 때까지 일을 한다. 이들이 가난한
것은 기본적인 국부의 부족함과 사회 구조의 문제이지 게으르기 때문이
아니다. 그리고 불평불만으로 가득 차 있고 가진 자를 적대시 할 것 같
지만, 제3세계의 빈민들은 가진 건 없어도 항상 행복을 느낀다. 행복지
수는 한국인보다 높고, 가진 자라고 해서 특별히 적대시 하는 법은 없다.
그리고 법을 어기면서 남에게 해를 끼칠 거라 생각하지만, 오히려 빈민
들은 가진 자들보다 겁이 많다. 당장 경찰서, 관공서, 병원 등에 발만 들
여 놓아도 위축되고 공포를 느낀다. 오히려 가진 자들이 법을 넘어가며
살 수 있는 방법을 고안하기 마련이다. 그리고 빌린 돈은 갚지 않는다고
하지만, 보통 내가 동네 구멍가게를 다니거나 길거리 좌판상 할머니들한
테 물건을 사고 지갑이 없어 돈을 주지 않아도, 흔쾌히 나중에 주라 한
다. 그리고 동네 사람들이 가끔 돈을 빌려 주라 할 때, 빌려 주고 대신에
동네 사람들한테 알리면 자신은 지역 사회의 구성원이기 때문에, 특별히
담보나 서류에 사인이 없어도 정확하게 갚는다. 그리고 저축할 줄 모른다
는 이야기는 통장을 만들어서 금리를 생각할 방법을 잘 모를 뿐이고, 살
림하는 여자들은 단지나 집안 깊숙한 곳에 쟁여 놓는다. 이마저도 근래
은행 이용의 증가로 옛날 이야기일 뿐이다. 가난한 사람들을 돕기 위해서

는 먼저 이러한 편견부터 다시 생각해야 할 것이다.

2012/11/24 토

　오늘은 모든 외국인이 기다린다는 대사관 바자회Diplomatic Bazaar가 열리는 날이다. 공항 앞 한국의 코엑스몰과 비슷한 밀레니엄 홀에서 오전 10시에 시작한다. 하지만, 9시부터 여는 곳도 많고 사람들은 8시 반부터 입장을 시작한다. 세계 각국의 대사관에서 주최하는 자선 바자 비슷한 행사라, 노르웨이의 연어나 독일 소시지 같은 에티오피아에서 구하기 힘든 물건들을 이때 볼 수 있다. 보통 입장권은 각 대사관을 통해 30비르에 2주 전부터 사전에 판매된다. 하지만, 각국 대사관을 통해 구하지 못하더라도 힐튼 호텔에서 같은 가격에 살 수 있다. 주차는 일찍 가면 전용 주차장에 댈 수 있지만, 늦게 가면 바깥에다가 힘들게 세워야 한다. 사실 나는 이런 쇼핑이나 바자회 같은 걸 별로 좋아하지 않지만, 사람들은 아디스에서 별로 이런 걸 볼 일이 없다 보니 며칠 전부터 들뜨기 시작한다. 넓직한 홀과 야외에 천막을 치고 각국 대사관에서 부스를 만들었다. 그리고 아디스에 사는 만 명은 됨직한 모든 외국인이 다 온 것 같다. 이탈리아 대사관은 피자 케익, 프랑스 대사관은 거위 간, 동아프리카 국가는 생선 요리 등 먹거리를 비롯해 장신구 같은 각국 특산품을 준비했다. 한국 대사관도 김밥과 전 등 한국 음식을 비롯해 소소한 공산품을 전시해 놓았다. 노르웨이 연어는 인기가 제일 좋아서 금방 팔린다. 250비르에 손바닥만한 걸 살

대사관 바자회 입구의 현수막

대사관 바자회 입구의 현수막

수 있는데, 사실 한국보다 두 배 가격이지만, 없어서 못 판다. 전반적으
로 가격은 비싸다. 하지만, 사람들은 오랜만에 쇼핑에 대한 욕구를 채운
듯 하다.

(좌) 월리아 아이벡스, (우) 레오파드

2012/11/25 일

　　오늘의 목적지는 자연사 박물관Natural History Museum이다. 장소는 아랏
키로 사거리에서 동쪽 방향으로 사오백 미터 가량 가면 왼편에 있어 찾
는 건 어렵지 않다. 입장료는 현지인 3비르, 거주 외국인 10비르, 카메라
20비르, 외국인 여행객은 20비르이고, 월요일은 공휴일이다. 이전의 다
른 박물관처럼 큰 기대는 하지 않았다. 하지만, 나와 우리 식구의 예상을
깨고 어느 선진국의 자연사 박물관 못지 않게 풍부한 동물들 박제와 곤
충들의 수집에 놀랐다. 입구부터 가운을 입은 과학자가 우리 애들을 보
고 무료로 설명을 해주며 따라 다녔다. 덕분에 우리는 여러 동물들의 유
래와 종을 알 수 있었는데, 만약 우리 아이가 초등학교 저학년 정도였다
면, 더 좋았을 것 같다. 총 5개의 전시실이 이어져 있는데, 첫 전시실은
월리아 아이벡스와 곤충들을 전시해 놓았다. 월리아 아이벡스는 에티오
피아에서 신성시 하는 큰 뿔을 가진 영양으로 시미엔
산에서만 서식한다. 그리고 수많은 나비와 나방들,
장수 하늘소, 풍뎅이 표본 등을 보니, 초등학교 시절
곤충도감을 달달 외우고 다녔던 기억이 난다. 그리
고 두 번째 방은 개구리, 뱀, 거북이 등, 양서류와 파
충류를 전시해 놓았고, 세 번째 방부터는 포유 동물
이다. 가젤, 오릭스, 표범, 치타, 자칼, 사자, 하이에
나, 얼룩말, 악어, 450종이 넘는 새까지 다양한 동물

뱀

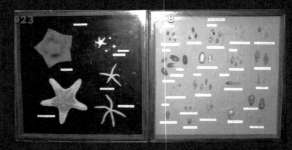

(위로부터) 나비 박제들, 곤충 박제들, 파충류 박제들, 자라 표본

나일 농어(Nile Perch), 파충류 박제들

들의 박제가 있다. 여기는 모형이 아닌 실물들이다. 한국에 이런 자연사 박물관은 없을 것이다. 아프리카의 자연사 박물관답게 전시 양식은 다소 투박하지만, 종의 다양성에 놀란다. 출구를 나서면서 왼편 거울에 영어 문장 한 줄이 적혀 있다. 과학자이자 오늘의 가이드가 읽어보라 했는데, 지난 350년간 종의 절반이 사람에 의해 멸종되었다고 한다. 이 분은 종을 수집하고 연구하는 분으로서 누구보다 가슴 아팠을 것이다. 에티오피아에서 볼 수 있는 모든 동물들이 여기 있으니 관심 있는 사람은 꼭 들러볼 만하다.

젤라다 바분 원숭이, 가젤과 원숭이를 비롯한 포유류 박제들

◀ 악어 박제 앞에서 좋아하는 아이들

코끼리 뼈 ▶

◀ 플라밍고

2012/11/26 월

　　포텐과 생긴 사소한 언쟁이 커져 버렸다. 사전 허락 없이 어제 여동생을 데려와 2주간 머무를 거라고 우리에게 통보했기 때문이다. 이를 허락할 수 없다 하니 일을 대충하기 시작한다. 나는 홧김에 그만 두라고 했고, 포텐은 울면서 집을 나가 인근의 노동청 비슷한 곳에서 관리자를 데려왔다. 포텐은 다른 에티오피아 여자 같지 않게 머리를 잘 쓴다. 우리는 주의가 필요하다고 생각하면서도, 일을 잘하기 때문에, 메켈레에서 데려온 것이다. 역시 문제가 생기니까, 자신도 가만있지 않는다. 어쨌든 이 관리자의 말은 우리에게 퇴직금조로 3개월 월급과 위자료를 줘야 한다고 하고, 그녀가 원하는 물건들을 줘야 한다고 한다. 그리고 그녀에겐 달리 갈 데도 없으니 다시 일하라고 한다. 결국 중재를 통해 화해시키려는 것이다. 사실 에티오피아 법률상 5년 미만의 근로자에겐 퇴직금이 없다. 물론 한국 협력의사들은 한국으로 돌아갈 때, 한국식으로 1년 근무에 한 달 급여씩 계산해서, 보통 두 달치 정도 퇴직금을 주고 떠난다. 어쨌든 우리도 홧김에 그런 거라 화해하기로 하고 일단 2주간 지켜보기로 했다. 급여 문제를 떠나 사람을 고용하는 것이 쉽지 않다.

2012/11/27 화

　지난번 건선으로 오진했던 환자가 다시 내원했다. 면역 억제 치료 후 극적으로 호전되었고, 진단은 윤상 육아종으로 결론지었다. 피부색이 희끗희끗하게 변한 부분은 어떻게 되냐고 물어본다. 염증 후 생긴 저색소반이라 수개월 이내 자연 호전될 거라 하니, 오히려 전신을 이렇게 만들어 줄 수 없냐고 되묻는다. 젊은 여성 분인데, 보통 여기서 젊은 여성들은 하얀 피부에 대한 선망이 있다. 그리고 자외선의 부정적인 면을 TV나 의사에게 들은 여성들은 더 까매진다는 것이 싫어 철저히 햇빛 노출을 피한다. 두 시간 내지 네 시간에 한 번씩 덧발라야 하고, 빠진 부분 없이 자외선 노출 부위에 발라야 한다고 비싼 자외선 차단제 사용법을 알려 주면 완벽하리만큼 지킨다. 사실 나는 자외선 차단제가 여기 서민들에겐 매우 비싸서, 가장 싼 물리적 차단제인 산화 아연Zinc Oxide 성분만 있는 용제를 처방한다. 벌써 다 썼나 싶을 만큼 자주 온다. 어쨌든 이 여성 환자에겐 윤상 육아종 질환보다 피부색이 더 중요한가 보다.

2012/11/28 수

　　결국 포텐이 그만 두었다. 보통 책에서 보던 수년간 일해 주던 후진국
의 가사 도우미들이 하루 만에 일자리를 잃고 삶의 불안정에 고민한다는
이야기를 많이 보았는데, 내가 그 고용주가 될 줄은 몰랐다. 2주를 지켜
보기로 했지만, 포텐도 평범한 가사 도우미가 아니고 똑똑한 쿡의 자존
심이 있어서 그런지 오늘 나간다고 한다. 나와 집사람은 출국 때까지 도
와 달라고 했지만 결국 떠났다. 퇴직금조로 1년 2개월을 일했으니 한 달
급여와 집사람의 안 쓰는 옷들을 주었다. 사실 그동안 포텐도 고향 메켈
레를 떠나 객지에서 식구들도 없이 생활하려니 많이 외로웠었고, 예민해
지기도 했다. 하지만, 보통 이렇게 그만 두면 한국인들은 뒤도 안 돌아보
고 욕하면서 헤어지기 일쑤지만, 에티오피아 사람들은 그렇지 않은 것 같
다. 미안하다고 하니 언제 그랬냐는 듯이 걱정 말라고 하고, 나한테 세탁
기를 팔라고 한다. 웃음이 나왔지만, 이런 면이 에티오피아 사람들의 또
다른 긍정적인 면이 아닌가 싶다.

2012/11/29 목

　진료 중 간호사분께 한국의 소액 금융 대출 프로그램에 대해 이야기해 주었다. 사실 이 프로그램은 2005년 방글라데시의 유누스란 은행가가 노벨상을 받으면서 유명해진 것으로 이후 세계로 확산되었다. 글자를 읽을 줄 모르고 담보가 없는 가난한 사람들에게 지역 주민의 연대 보증을 통한 대출을 해 주는 것이다. 한번 농담 삼아 내가 당신에게 오천 내지 만 비르를 빌려 주면 무엇을 할 거냐고 물어보았다. 요즘 원화 가치는 오르고 비르 가치는 떨어져 천 비르가 육만 원도 하지 않는다. 나의 파트너는 여태까지 사업은 한 번도 해 보지 않은 가정주부이자 간호사다. 애가 둘이고 남편은 에티오피아 통신에서 일하는 변호사다. 자신은 육아 때문에 시간이 없다고 한다. 하지만, 이내 곧 생각하더니 밖에 나가서 다른 간호사들과 이야기를 나눈다. 그리고 이윽고 다시 들어오더니, 정말 해 줄 수 있냐고 재차 확인하고, 여러 가지 본인의 생각들을 말한다. 건강식품을 판다는 등, 자동차 부품을 수리할 거라는 등, 약품 중개인을 한다는 등, 내 예상보다 반응이 훨씬 뜨겁다. 왜 유누스가 노벨상을 받았는지 알 것 같다. 이 사람은 구호물품을 주는 대신 가난한 사람들의 독립 의지와 생활 능력을 자립하게 해 주는 금융 서비스가 진정한 원조라고 주장한다. 어쨌든 간호사 십여 명은 다음 주까지 아이디어를 취합해서 나에게 알려 준다고 한다. 무슨 결과가 나올 지 궁금하다.

　　가레 아레라 마을로 진료 봉사활동을 다시 갔다. 도착하니 마을 입구를 넘어서까지 사람들이 줄을 서 있다. 시골의 환자 군은 도시의 환자 군과 확실히 다르다. 한국처럼 젊고 건강한 남자들은 별로 없고, 나이가 지긋하신 분들 내지, 애들이 너 댓 명은 되는 아기 엄마들이 주로 많다. 하지만, 이런 무료진료 봉사를 가면 이 중 절반은 나이롱 환자다. 사실 의사 입자에선 꾀병인지 아닌지 아는 건 어렵지 않은데, 질환이란 것은 객관적인 큰 흐름을 벗어나는 경우가 별로 없기 때문이다. 한데 나한테 와서 일관성 없이 여기 아프다, 저기 아프다 이런 사람들을 보니 우습기도 하고 귀엽기도 하다. 이런 분들은 일단 비타민제나 영양제 정도 줘서 돌려 보낸다. 오늘 40명 정도 보았는데, 이 중 10명 정도는 이동 진료로 해결할 수 없고 아디스의 시설 갖추어진 병원으로 이송해야 한다. 하지만, 이런 환자들만 있는 건 아니고 내가 여기 오길 잘했다고 보람을 느끼게 해 주는 환자들도 몇 분 있다. 한 꼬마 아이는 나이는 일곱 살인데 체구는 네 살 정도 밖에 되지 않는다. 엄마랑 같이 왔는데, 입구부터 계속 보채고 운다. 얼굴에도 짜증이 섞인 표정이다. 진찰을 하니 겨드랑이와 사타구니, 무릎 뒤에 큰 덩어리가 있다. 그리고 엉덩이에 습진 같은 피부염을 가지고 있다. 한국에선 보기 힘든 Onchocerciasis란 질환이다. 한국엔 없지만, 전 세계적으로 천 팔백만 이상이 감염되었고 실명을 일으키는 두 번째 원인이다. 이 질환은 사상충Filariasis 감염의 일종인 Onchocerca Vulvulus라는 기생충에 의한 감염으로 안구까지 침범해 실명까지 할 수 있다. 보통 흑파리Black Fly가 매개체인데, 이 감염된 흑파리가 피부를 물고 피부를 통해 침범해 보통 피하 조직에 서식한다. 이 흑파리는 특이하게도 고인물이 아닌 유속이 빠를 계곡물에서 잘 번식하기 때문에, 계곡 주변의 농촌 마을에 이 질환들이 많다. 피부에 보이는 큰 덩어리들은 이 기생충이 드글드글 번식해서 사는 곳들이다. 이 곳을 째면 엄청난 기생충이 나온다. 임상적으로 끔찍해 보이지만, 사실 치료는 어렵지 않아, Ivermectin 주사 한 방과 Doxycycline 복용약을 6주만 처방하면 된다. 여기선 Ivermectin 주사가 구하기 어려워. 다른 기생충 약으로 대체하긴 했지만, 이 친구는 다음 달 여길 다시 올 때 많은 호전 이 있을 것이고 그래야 한다. 이런 친구들 때문에 나이롱 환자가 많더라 도 이런 농촌 지역을 방문해 살펴봐야 하는 것이다.

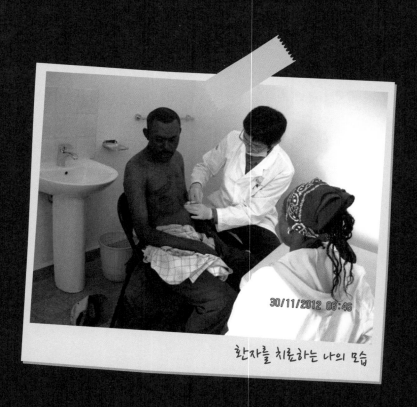

환자를 치료하는 나의 모습

2012/12/1 토

　운전을 하던 중 시내에서 중국인 운전사와 현지인 운전사의 사소한 다툼을 보았다. 알고 보니 중국인이 뒤에 바짝 붙어서 하이빔을 쏘며 달려오던 걸 현지인 운전사가 이에 항의를 했다. 그러더니 중국인이 차에서 쇠사슬과 렌치를 들고 나와 위협을 가한다. 마치 서해상에서 중국 어선이 한국 영해에서 불법으로 조업하고 단속하는 경찰에게 흉기를 휘두른다는 내용이 생각났다. 그리고 한 에티오피아 한국 교민은 통신 사업상 이런저런 이유로 구치소에 다녀온 적이 있었는데, 지금 에티오피아 감옥에 중국인들만 삼천 명이 넘는다고 한다. 구치소에서 암하릭어 실력이 느는 게 아니고 중국어가 늘었다고 한다. 사실 에티오피아인들이 '짜이나' 하면서 동양인을 놀리는 것이 잘못된 거라고 생각했는데, 이런 걸 보면 왜 그런지 이해도 간다. 현지인 소문에 중국은 에티오피아에 범죄자들을 보낸다고 한다. 물론 진짜가 아닐 수 있지만, 주로 교육 받지 않은 사회 경제적으로 낮은 노무자들을 보내다 보니 현지인들과 마찰이 잦다. 어쨌든 이런 걸 보면 차라리 에티오피아인들이 중국인들보다 훨씬 순박하고 상대하기 쉽다는 생각이 든다.

  오늘은 독일 교회 바자회German Church Bazaar가 열린다. 아디스에 살면 이런저런 바자회가 많고 생각없이 다 다니다 보면 생활비가 빵구나기 쉽상이다. 원래는 스드스트 킬로 인근의 독일 교회에서 열렸으나 올해는 공사 중이라 독일 대사관 학교에서 열렸다. 생각보다 바자회 규모는 커서 모두가 예상하는 독일 소시지와 독일 맥주는 물론 초콜릿과 쿠키, 샌드위치 등 군것질 거리가 많다. 그리고 공예품과 장신구들도 전시해 놓았다. 애들과 점심 대신 군것질로 배를 채우고 뒤편 정원에 앉아 나는 한 잔에 20비르 맥주를 마셨다. 시내는 10비르지만 여긴 두 배다.

정원에 개미떼가 끔찍할 정도로 가득 찼다. 수천만 마리는 됨직한데, 요즘 이상고온현상으로 번식이 늘었다. 보통 에티오피아 11월·12월이면 영하까진 아니어도 춥기 마련인데 요즘 기온이 내려가질 않다 보니 벌레가 늘었다. 우리 아이들이 정원에서 잘 노는데, 당분간 쉬어야 할 것 같다. 호스로 물을 뿌려 개미떼를 쫓았는데, 이 중 병정 개미 몇 마리가 날 다시 공격한다. 아프리카 개미는 한국산보다 더 튼튼한 턱과 이빨을 가졌다.

2012/12/4 화

간호사들이 지난주 내가 제안한 소액 대출 프로그램에 대해 되물었다. 아직 사람들은 여전히 결정을 내리지 못했다. 은행들은 여전히 담보가 없고 글을 모르는 일반인들에게 여전히 문턱이 높다고 한다. 하지만, 이 중 시중 신설 은행에 대한 금리 이야기가 나왔는데, 제멘Zemen 은행은 라디스 블루 호텔 앞에 본점이 있고, 연 12% 이자를 준다고 한다. 보통 커머셜 뱅크 같은 곳은 5.5%다. 사실 나는 현지인에게 이름만 들어서 독일과 연관이 있는 줄 알았지만, 철자를 비롯해서 아무 상관없는 곳이다. 아직 지점은 한군데밖에 없지만, 시설과 서비스가 최신식이라 한다. 인터넷 뱅킹을 비롯해 선진국들의 시스템을 그대로 도입했다고 한다. 금리가 높기 때문에 수익이 좋지만, 위험할 수도 있다. 이 은행은 공격적 경영과 함께 대출과 예금의 문턱이 낮다고 한다. 서민들의 삶에 도움이 될지는 모르겠다.

2012/12/5 수

오늘은 한국 역사상 첫 재외 대통령 선거가 있는 날이다. 각국 대사관엔 투표소가 마련되었다. 공관 직원들, 봉사 단원들을 비롯한 모든 교민은 한국의 대통령 선거보다 2주 정도 빨리 투표할 수 있다. 이젠 교민들도 참정권을 행사할 수 있고, 이런 선거 비용을 감당할 만큼 한국의 경제력도 상승했음을 실감한다. 절차도 그리 복잡하지 않아 두 달 전 선거인 신청을 하고 투표 당일에는 한국과 에티오피아 현지 신분증 두 개를 준비하면 된다. 그리고 이런 날 아프리카 같은 교민이 많지 않은 곳에선 누가 사는지 서로 얼굴 구경할 수도 있다. 이젠 해외라서 투표 못할 걱정은 안 해도 될 것이다.

2012/12/6 목

　　에티오피아 근래 주요 부상 산업 가운데 가죽과 가발 산업이 있다. 에티오피아는 1억 마리가 넘는 가축들이 있는데, 매년 2천 마리가 도축된다. 그러다 보니 가죽도 흔히 구할 수 있는데, 문제는 가축을 기르고 가죽을 얻는 과정이 모두 재래 수공업에 의존하다 보니 공급이 충분치 않다는 점이었다. 방목하다 보니 가죽에 상처도 많고 질병으로 가죽의 질도 좋지 않은 경우가 많았다. 그러다 보니 오히려 가죽을 수입하는 기현상이 나타났다. 하지만, 근래 도심 외곽에 현대식 가죽 공장이 들어서고 있고, 가죽을 등급 매기는 것부터 재단 등, 모든 손질하는 과정을 자동화하는데 성공했다고 한다. 그리고 이런 가죽 원료를 토대로 가방이나 구두 같은 완제품도 생산할 수 있게 되었다. 이런 가죽 수출액이 1억 4백만 달러에 이른다고 한다. 근래 중국의 가죽 가공 업체가 20억 달러를 투자하기로 했고, 이미 한국의 가발 공장도 두 군데 이상 들어섰다. 가난을 벗기 위해 에티오피아의 이 분야 산업화가 더욱 진전되길 바란다.

도심에서 흔히 볼 수 있는 가축들과 목동

2012/12/7 금

　　에티오피아에는 골프장이 두 군데 있다. 모두 아디스에 있는데, 하나는 올드 에어포트에 있는 아디스아바바 골프 클럽이고 나머지 한 군데는 영국 대사관 내에 있다. 모두 회원제로 운영하고 있는데, 아디스아바바 골프 클럽의 경우 커플제로 1년 요금이 일인당 12,000비르 정도 하고 싱글일 경우 15,000비르 정도 한다. 한국에 비하면 엄청나게 싼 편이고, 한 번 1년 회원권을 끊으면, 연중 내내 캐디피 70비르 정도만 내면서 무료로 칠 수 있다. 우리 식구는 애 키우느라 바쁘다 보니 한 번도 가지 않았지만, 공기도 맑고 그린도 나쁘지 않다고 한다. 하지만, 요근래 중국인들과 한국인 골퍼들이 늘면서 사소한 다툼도 늘었다고 한다. 특히 중국 대사관이 바로 건너편에 있다 보니 중국인들이 많고 이들이 예의 바르지 못한 복장이며 늑장 플레이, 주로 남자들인 캐디들을 하대하는 일이 잦아졌다. 그러다 보니 골프장에서도 동양인들에게 적대감을 표시하는 경우가 많아졌다. 한국인이 '우린 중국인이 아니에요'라고 말하면 달라지긴 하지만, 부끄럽긴 마찬가지다. 이런 일로 에티켓에 대해 주의를 당부한다는 공지 메일이 왔다. 봉사단원이 여기 올 일은 거의 없지만, 중국인과 차별화된 에티켓이 필요할 것이다.

아디스아바바 골프클럽

인권이란 이름으로

2012. 12. 9. – 12. 14.

2012/12/9 일

    한 젊은 여기자가 쓴 에티오피아의 조혼 풍습에 관한 기고를 보았다. 그녀는 4년 전 암하라 주에 있던 Zemero라는 시골 마을을 방문했다. 당시 아얄이라는 소녀를 보았는데, 열 네살 인데도 불구하고 임신 중이었다. 에티오피아에도 18세 이전에 결혼을 금지하는 법이 있긴 하다. 당시 젊은 여기자는 왜 경찰에 고발하지 않냐고 소녀에게 따졌고, 실제로 데리고 경찰서로 갔다. 하지만, 경찰들이 말하길 이는 수천년간 대대로 살아온 방법이라며 처벌할 수 없다고 했다.

    4년 후 그 마을을 다시 방문했을 때 그 소녀는 이미 세 아이의 엄마가 되어 있었다. 농사일을 하는 남편과 함께 아이들이 깨기 전에 일어나 아침을 준비하고, 물을 긷고 집안일을 하면 오전이 다 가고 오후에 잠깐 동네 아주머니들과 차를 마실 시간이 생기지만, 이도 곧 저녁 준비와 다른 집안일로 묻힌다. 여전히 암하라 주에서 50% 이상의 여성은 모두 십대 초반에 결혼을 하고 임신을 한다. 물론 자신들도 학교에 가고 싶고 하고 싶은 일을 하고 싶다고 수줍게 말하지만, 이는 현실 불가능이다.

　아얄은 같은 동네에 사는 두 친구를 소개해 주었다. 모두 동년배이지만 다섯, 내지 여섯 아이의 엄마다. 그중 한 친구는 자기가 태어나는 날 자신의 남편이 정해졌다고 한다. 자기 남편은 아버지의 친구로 자기가 태어나는 날 전처가 죽었다. 당시 아버지는 친구에게 내 딸이 크면 주겠노라고 약속했고, 자신은 이를 어길 수 없었다. 그리고 첫 애를 임신했을 때 열 세 살이었는데, 당시 너무 아팠고 결국 유산했다. 남편과 시댁 식구들은 나를 비난했고 이를 못 견뎌 친정으로 도망 왔지만, 친정 부모님의 말씀은 남편의 말을 결코 거역하지 말라고 하셨다. 바로 돌아올 수밖에 없었다. 나머지 한 친구는 학교를 너무 좋아했다. 하지만 열두 살 무렵 친구들처럼 부모님의 강요로 결혼했다. 당시 아버지한테 학교에 다니고 싶다고 애걸했지만, 이것이 여자의 인생이라며 설득하셨다. 결국 이 친구는 고모집에 도망갔고, 고모는 아디스에 있는 모든 아이들은 학교에 다닌다며 말씀해 주셨다. 그리고 아디스에 있는 친구 집을 소개시켜 주었다. 결국 아디스로 혼자 가는데 성공했다. 하지만, 소개 시켜 준 집에서 기다리고 있던 것은 하루 종일 인제라를 굽는 일이었다. 당시 손이 부르트도록 일했지만, 결국 그곳에서도 버티지 못하고 시골집에 돌아왔다. 그리고 아버지가 정해준 현재의 남편과 결혼을 하였고, 아버지는 당시 일을 현 남편에게 비밀로 하였다.

　많은 원조 기관과 NGO가 조혼 풍습을 없애려고 캠페인을 벌이고 있다. 하지만, 여전히 시골에선 예전 조상들이 그래 왔던 것처럼 십 대 초반에 결혼해서 이십 대 전에 이미 서너 아이의 엄마가 된다. 그리고 자신이 그렇게 싫어했던 조혼을 다시 자신의 딸에게 강요하고 있다. 이 기자가 말하길 이것이 변하긴 앞으로도 어려울 것이라고 한다. 그리고 이것이 싫어서 도망치는 소녀들은 결국 그 친구처럼 도시의 매춘부 내지, 아동 노동력 착취의 대상이 될 뿐이다. 나에게 많은 생각을 주는 기사이지만, 나 또한 뾰족한 수가 없기는 마찬가지다.

오늘은 세계 인권 선언일이다. 휴대폰으로 에티오피아 정부에서 보낸 캠페인 문자가 온다. 1948년 유엔에서 채택한 '세계 인권 선언' 제1조는 다음과 같이 밝힌다. '모든 인간은 태어날 때 자유롭고, 존엄성과 권리에 있어 평등하다.' 이런 선언문은 프랑스 혁명과 미국 혁명으로 거슬러 올라가 '인간과 시민의 권리 선언'에 뿌리를 둔다. 하지만, 당시 이런 선언문을 만들던 제퍼슨 같은 사람들조차 집에서는 흑인 노예들을 거느리고 있었다고 한다. 근래 미국에는 집안일을 도와주던 가사 도우미들에 대한 인권 의식 성숙으로 가정부 고용이 많이 줄었다고 한다. 얼마 전 빙엄 학교에서 만난 미국 애기 엄마 들은 모든 집안 일을 스스로 한다. 우리도 포텐이 나간 이후로 아무도 쓰지 않기로 했다. 보통 외국인들은 가정부, 드라이버, 가드 세 명을 고용하는데, 사실 한 달에 백 달러도 안 되는 급여로 우리 집안 일을 해 주면서 집 뒤편의 골방에 거주하는 것이 기분이 썩 편안치는 않다. 어떻게 보면 현대판 노예 제도가 아닌가 싶기도 하다. 어느 에티오피아인은 여기 실업률이 40~50% 이므로, 이들이라도 고용하는 것이 에티오피아를 돕는다고 하지만, 에티오피아인의 인권을 생각하면, 무엇이 옳은지는 모르겠다. 어쨌든 덕분에 우리 부부의 집안일은 배 이상 늘었고, 집사람은 하루 종일 청소, 빨래 하며 애들까지 돌보게 되었다. 한국에는 요즘 로봇 청소기도 있고, 식기 세척기도 있다고 하지만, 여긴 언제 들어올지 모르는 이야기다. 누구도 우월할 수 없고 누구나 존경 받을 수 있는 인권과 우리 집안일 과중함의 상충을 어떻게 해결해야 할지 모르겠다.

BBC 특집으로 아프리카의 감옥과 정신 병원의 실태를 방영한다. 케냐를 대상으로 했는데, 인접국인 에티오피아도 별반 다르지 않을 것이다. 감옥과 정신병원은 선진국조차 인권의 사각지대라 여겨지는데, 아프리카는 어떨지 상상 그대로 일 것이다. 정신 병원의 경우 끼니를 굶고 하루 한 끼로 연명하는 경우도 흔하고, 감옥에서 불결한 환경과 영양 결핍으로 전염병으로 숨지는 경우도 많다. 특히 에티오피아는 범죄자에 대한 부정적인 사회적 인식이 강하다. 마녀사냥식 에티오피아 정교의 보수적 분위기가 강하기 때문이다. 일례로 길거리에서 어느 젊은이가 외국인의 주머니에 손을 넣고 지갑을 훔쳤다가 외국인이 이를 잡고 소리를 지르면, 이 젊은이는 주변 사람들에게 몰매를 맞는다. 나는 몰매를 맞고 이빨이 모두 부러진 젊은이를 보았는데, 주변인 모두 경찰은 아니었다. 이런 범죄자는 사회에서 쓰레기 취급을 당하며 교도소엘 들어가게 되고, 여기서부턴 사람 취급 받지 못하는 것이다. 한국에선 요즘 범죄자들의 인권이 너무 보호되다 보니 강력범들에게 보다 강력한 법적 제제가 필요하다는 여론이 제시되고 있지만, 여기선 오히려 그 거꾸로라 할 수 있다. 아직 범죄자들의 인권에 대한 논의는 전무한 실정이다. 아마 이 또한 사회 경제적 수준이 상승하면 10년 뒤에나 논의가 되지 않을까 싶다.

교통사고로 오른쪽 발을 다친 5살 여자아이가 병원에 왔다. 고속도로에서 차가 달리던 중 갑자기 뛰어들어 오른쪽 발등의 세 번째, 네 번째 metatarsal bone의 linear fracture다. 에티오피아에서는 보행자들은 워낙 가난하기 때문에, 정서적으로나 법적으로 보통 운전자가 전적으로 물어준다. 한국에선 보행자 무단 횡단의 경우 보행자 잘못과 대부분의 사고가 쌍방과실로 여겨지는 것과 대조적이다. 물론 이 나라는 무단 횡단이 무척 많고 보통 드라이버가 가진 자에 속하는 경우가 많기 때문일 것이다. 그렇지만, 금액이 미미해서, 이 아이 아버지는 애들에게 사줄 '끌끌_{현지식 중의 하나로 노란 스프에 담긴 등뼈와 고기가 나온다. 현지인들은 이것이 골절에 좋다고 믿는다.}'과 약값 정도만 원해서 보통 1,000비르 내외로 해결이 된다. 한국 같았으면, 좋은 저녁 식사 한 끼 값에 불과하다. 어떤 운전자는 몸이 불편해 주위를 살피지 못하는 노인을 치고, 치인 노인은 병원 한 달 입원 후에 사망하였다. 하지만, 이 친구는 사망자와 협상을 끝까지 하지 않고 법정까지 갔다. 결국 내린 판결은 치료비 외에, 7,000비르를 배상해야 했다. 법정에 가면 여러모로 한국처럼 불편한 일이 많기 때문에, 이전에 합의를 보는 것이 수월하다. 하지만, 합의를 볼 때 주변의 지인들을 증인으로 세우고 문서를 작성하는 것이 나중에 불필요한 잡음을 막을 수 있다.

하지만, 예외적으로 보행자 잘못이 인정되는 곳이 있는데 아디스 시 외곽을 둘러싸는 링로드가 그렇다. 여기서 사고가 나 보행자가 사망하면 운전자는 3,000비르만 유족에게 주면 된다. 사람의 목숨이 20만 원도 안 하는 것이 놀랍다. 설령 일반 도로에서 사고가 나 사망을 해도 유족에게 만에서 이만 비르 정도 배상하는 걸로 합의가 이루어지는데, 이 또한 백만 원도 안 하는 금액임을 알면 한편 에티오피아인이 측은하기도 하다. 인간의 생명을 금액으로 환산할 순 없겠지만, 아무래도 이런 일례를 보면 결국 인명 경시 풍조가 만연하게 된다. 특히 이전에 기술했던 것처럼 인명 경시는 가장 취약한 계층이 먼저 영향을 받게 되는데, 병자, 범죄자, 가난한

자, 시골 여성과 아이들이 그렇다. 반면 부유한 아프리카인은 교통 사고를 대수롭지 않게 생각할 수도 있다. 이러한 인명 경시와 경멸 풍조는 결국 공공의 불행과 정부의 부패, 양심을 어기는 야만적인 행태를 초래하게 된다. 사실 유엔에서 발표한 세계 인권 선언을 한 번만 읽고 잘 지킨다면 이런 풍조가 잘못된 것이란 걸 알 것이다. 발표는 1948년에 이뤄졌지만, 아직 완전한 실현을 위해 시간이 더 필요하다.

UN과 각종 정부 원조 기구, 언론과 NGO의 역할은 중요하다. 인권이 뭔지도 모르는 아프리카의 시골 동네에 이를 알렸기 때문이다. 에티오피아 시골에 여전히 남아 있는 노예제 같은 걸 지역 주민들에게 인지시키고 이를 타국가에도 널리 알렸기 때문이다. 특히 요새는 소셜 네트워크 등이 발달해 에티오피아 평범한 사람들도 인터넷을 통해 자신의 일상을 세계에 알린다. 더 이상 비밀은 없는 사회가 된 것이다. 모든 것이 공개되는 사회에선 인권의 억압이 줄게 마련이다. 조혼 풍습이나 무슬림과 에티오피아 정교인의 갈등도 에티오피아 네트워크상에서 에티오피아 친구들을 만들면 불합리함을 지적하는 글을 종종 본다. 이들도 이러한 영향까지 생각하지 못했지만, 뜻하지 않은 선한 결과를 보여준다. 아직 에티오피아는 언론 통제가 심하지만, 곧 해소되리라 믿는다.

진료를 보던 중, 팔 다리에 여러 개의 결절과 부종, 발열을 주소로 환자가 내원하였다. 처음에는 감이 잡히질 않았는데, 나반응lepra reaction임을 알아챘다. 교과서에서만 보다가 한국에 드문 나환자 나반응을 흑인 피부에서 보려니 어려웠던 것이다. 이 환자는 식구들이 집을 나가라고 하고 있다. 어쨌든 입원장을 주고 각종 검사를 냈다. 이미 나병 투약은 시작했지만, 나반응에 대한 치료도 해야 할 것이다.

에티오피아에도 Ethiopian National Association of Persons Affected by LeprosyENAPAL라는 나병 환자 단체가 있다. 레프로시는 한센병 내지 문둥병이란 뜻이다. ENPAL의 대표자 Luleseged Birhane 는 종종 회의를 개최하고 국민적 관심을 호소한다. 또한 더 이상 전염병 취급을 받아서 안 된다고 주장한다. 참고로 이 단체는 1996년에 아디스에 거주하는 30명 가량의 문둥병 환자를 중심으로 결성되었고, 현재는 70개 지점과 함께 15,000명의 회원이 있다고 한다. 하지만, 여전히 시골에서 문둥병은 천벌과 같은 것으로, 식구 중, 특히 어린 여자아이가 발생할 경우 그 아이는 가족을 떠나야 한다. 그리고 먼 타 지방의 문둥병 공동체에 들어가 거주하게 된다. 이 내용에 대해서는 이전에 기술한 바 있다. 피부과에서도 문둥병 환자가 종종 오는데, 모두들 가슴 아픈 사연이 있다. 어쨌든, 국민의식 개선과 질환의 쾌유가 빨리 이루어지길 바란다.

에티를 마무리하며

2012. 12. 17. ~ 2013. 1. 10.

2012/12/17 월

　　여기서 근무하면 주변에서 간호대 졸업한 현지인들이 종합 병원에 일자리가 없냐고 종종 물어본다. 파트너 간호사에게 물어보니 봉급은 1650비르인데 세금을 400비르 정도 제한다고 한다. 그리고 경력은 5년 이상을 요구하기 때문에 생각보다 쉽진 않다고 한다. 에티오피아는 요즘 간호대학 전성시대로 각 도시마다 간호대학이 여러 곳이다. 요즘 TV 광고에 Nursing college 광고가 많고, 시내에도 많다. 수요도 많고 공급도 많다. 간호학교만 돈 버는 것 같다. 간호사 배출 숫자가 증가하다 보니 외국 간호사가 일하기 쉽지 않다. 한국에서 간호 단원이 올 때 현지에서 일할 수 있도록 승인하는 것이 상대적으로 어려워졌다. 나 주변만 해도, 더글라스 부인과 처제, 포텐의 여동생, 이전의 베이비 시터였던 부르투칸, 라엘의 동생, 이전에 가사도우미를 소개시켜 주었던 하일라 씨의 부인, 모두가 간호대에서 공부하고 있다. 하지만, 간호대학의 숫자가 일자리보다 너무 많아져서 사회적 문제도 있다. 아이딜 병원만 해도 간호사 수가 적정 수 이상으로 많은 것 같고, 많은 수를 적절히 활용하는 것은 한국만 못하다. 이는 비효율적인 아프리카 공산주의 시스템의 잔재가 아닌가 싶다.

진료 중 전신 경화증 환자를 보았다. 이전에 알러트 병원에서 치료 받았던 환자로 Methotrexate와 prednisolone으로 한 달간 처방하니 잘 안 펴지던 팔꿈치가 이제는 잘 펴진다. 병원과는 거리가 먼 사람들이 많다 보니 조금의 약으로도 드라마틱한 효과를 보는 경우가 종종 있다. 한국에서는 약의 과용을 걱정하지만, 여기선 그런 고민은 안 한다. 환자의 모습은 교과서에서 보던 모습과 같다. 이미 진행할 대로 진행한 다음에 병원에 오기 때문이다. 또한 Port Wine Stain의 아이도 왔는데, 몸의 절반이 붉은 점으로 뒤덮여 있다. 마치 불길에 휩싸인 모습과 같다고 하여 화염모반이라 한다. 하지만 애석하게도 해 줄 것이 없다. 어떤 건지 설명만 해 주고 돌려보냈다.

작년 에티오피아 최대 원조국으로 중국이 부상했다는 소식을 접했다.
총 10억 불 가량을 원조받았는데, 이 중 6.12억 불을 중국, 2.1억 불은
세계은행, 1억 불은 농업개발 펀드, 0.52억 불은 미국, 0.25억 불은 사우
디, 170만 불 체코, 140만 불 스위스 순으로 원조를 받았다. 물론 에티
오피아의 최대 수입국전체 수입액의 16%가량이기도 하지만, 중국은 돈을 버
는 만큼 원조도 많이 하는 것이다. 에티오피아는 만성 무역적자에 시달
리는 국가로서 수출품은 커피와 금, 등 1차 원재료가 주를 이루고 공업
제품은 모두 수입에 의존한다. 어찌됐든 이제 아프리카에서 중국의 영향
은 무시 못할 정도로 성장했다. 동네 꼬마 아이들은 '짜이나'라고 놀리지
만, 에티오피아로서 범접할 수 없을 만큼 커 버린 것이다. 야당이 서방국
가의 지원을 왜 못 받았냐 질문하니, 외무부 장관이 국익에 있어 서방의
지원, 중국의 지원은 상관없다고 했다. 에티오피아도 현명한 사람들은
나름 최선의 선택을 하는 것이다.

북한 어린이들의 영양 상태가 심각하다고 한다. 작년 유니세프에서 의사를 파견해 천 명의 어린이를 조사한 결과 20%의 아이들이 심각한 영양 결핍에 시달리고 있다. 사실 어떻게 보면 아프리카보다도 더 급한 나라가 북한이 아닌가 싶다. 링거병이 모자라 맥주병을 쓰기도 하고, 마취제가 모자라 술을 마시거나 머리를 쳐서 기절시킨 다음에 수술을 한다고 한다. 우스꽝스러운 세계 최빈국을 바로 가까이 두고 사는 셈이다. 에티오피아 사람들도 중등도의 교육만 받은 사람이라면 남한과 북한의 차이점을 잘 알고, 북한은 자기보다도 못 산다고 이야기 한다. 어떻게 보면 에티오피아보다 더 도움이 필요한 나라가 북한이 아닌가 싶기도 하다.

2012/12/21 금

　교민 송년회가 열렸다. 에티오피아에 있는 모든 한국인을 대상으로 조촐한 저녁 식사와 장기 자랑 공연도 함께 했다. 우리 식구들도 못하는 노래를 한 곡 했고, 교민들에게 자연스레 소개를 하게 되었다. 교민들과 별로 교류가 없다 보니 처음 보는 사람들도 많다. 오기 전부터 한국인들보다 현지인들과 많은 시간을 보내리라 생각했기 때문이다. 하지만, 역시 한국인들끼리 모이니 정서적으로 반갑고 한국에 대한 향수를 달래게 된다. 이런 날은 잠시 에티오피아를 잊게 된다.

2012/12/22 토

출산 문화에 대한 이야기가 나왔다. 에티오피아는 여전히 병원보다 집에서 출산하는 비율이 월등히 높다. 그리고 한국은 요즘 OECD 국가 중 한때 1.06이라는 최저의 출산율로 심각한 문제에 빠져 있지만, 에티오피아는 아직 출산율이 4~5에 이른다. 아직 에티오피아 정부에선 출산 장려 또는 억제 정책이나 구호는 없다. 하지만, 요즘 젊은, 특히 직장이 있는 여성을 중심으로 적게 낳으려는 성향이 있다. 전통적으로 부부가 애가 없을 경우 사회적으로 남성은 남성성에 의심을 받는다. 그리고 '뮤말과 당나귀 사이에서 태어난 혼합종'라고 놀림 받는다. '뮤'는 말보다는 약간 작고 당나귀보다는 큰 동물로 일은 잘하나 번식능력이 없기 때문이다. 애를 많이 낳을수록 사람들은 그 남성을 우러러본다. 전통 남자들은 애를 어떻게 키울지 보다 얼마나 많이 낳았는지가 더 중요하다. 그리고 아이가 없거나 특히 아들을 못 낳을 경우 혼외정사도 흔하고 다른 부인을 구하는 경우도 적지 않다. 하지만, 나의 담당 간호사는 지금 애가 둘이고 많아도 셋 까지만 낳을 거라 한다. 에티오피아에서 나름 신식인 셈이다.

에티오피아 항공 사무실

2012/12/23 일

에티오피아 항공이 올해의 아프리카 항공상을 받았다. 얼마 전 스타 얼라이언스 그룹에 가입했다는 소식과 함께 기쁜 소식이다. 에티오피아는 내륙 국가이다 보니 자연스레 항공이 발달하게 되었는데, 다양한 아프리카 노선을 다른 서구 항공사에 비해 절반에 가까운 착한 가격으로 서비스를 제공한다. 나도 에티오피아에 오자 마자, 마일리지 서비스인

Sheba mile에 가입했고, 지방 근무이다 보니 자연히 국내선을 탈 일이 많아 벌써 5,000마일 쌓였다. 3,000마일이 넘으면 Blue club으로 승격되고 파란 마그네틱 카드를 받게 된다. 15,000마일이 쌓이면 지부티 왕복 티켓이 공짜로 생긴다. 일부 사람들은 수년 전 에티오피아 항공이 지중해 추락 사고 이후, 절대 타지 말라고 한다. 하지만, 개인적인 생각에 생각보다 서비스가 괜찮고 국내선의 종종 있는 지연착 제외, 무엇보다 에티오피아에 왔으니 에티오피아 경제에 도움이 될 수 있다는 생각에 나는 이 항공사를 애용한다.

에티오피아 항공 포스터

2012/12/24 월

마지막 가레 아레라 마을 봉사 활동이다. 지난 1년간 무사히 마칠 수 있도록 단원 분들과 사무소에서 많은 노력을 하셨다. 평소처럼 모든 마을 주민들이 진료소를 방문했고, 환자들도 많다. 하지만, 내가 다시 보고 싶어했던 지난달의 기생충 감염 여자아이는 오지 않았다. 몇몇 단원들이 크리스마스 이브를 맞이해 조촐한 캐롤송 공연을 시골 아이들에게 선사했다. 이 친구들은 전세계 누구나 알 것 같은 캐롤송도 처음 듣는다. 그리고 기타에 키보드며 스피커까지 좋은 볼거리를 제공해 주었다. 사실 진정한 봉사 활동은 도시가 아닌 농촌 지역에서 아이들과 함께 생활하면서 행하는 것이 값어치가 제일 있다고 생각하지만, 결코 쉽지 않다. 이렇게 한 달에 하루 다녀 오는 정도는 모두가 할 수 있지만, 한 달만 살아 보라고 해도 모두가 손을 내저을 것이다. 이런 생각을 하면 나 자신이 부끄럽다.

2012/12/25 화

성탄절이지만 진료실에 앉았다. 에티오피아에선 아무 날도 아니기 때문이다. 사실 에티오피아 크리스마스는 다음 달에 있다. 어쨌든 휴일이라고 하루를 거르면 다음 날 환자가 몰리기 때문에 힘들다. 어차피 볼 거미리 보는 것이 낫다. 진료 중에 가슴팍에 손바닥 다섯 개 넓이의 궤양을 가진 젊은 여자 환자가 왔다. 아리따운 미모에 반해 지쳐 있는 얼굴이고, 목소리는 가늘다. 간호사는 깜짝 놀라 다시 덮고 창문을 황급히 연다. 피부 결핵을 의심하기 때문이다. 한국 병원 직원들의 경우 HIV에 민감하게 생각하고, 보호장비를 하는 반면, 결핵이나 간염에 대해서는 비교적 둔감하다. 하지만, 여기 직원들의 경우, 결핵에 굉장히 민감하고 또한 X-ray 노출을 꺼리지만 환자들의 경우 평생 한 장 찍을까 말까기 때문에 개의치 않는다, HIV에 대해서는 둔감하다. 어찌하든, 나는 여러 가지 검사 오더를 내고 입원장을 주었다. 병동 간호사들도 꺼릴 것이 분명하지만, 입원이 꼭 필요하기 때문이다.

2012/12/26 수

6개월 아기가 뇌수두증으로 내원했다. 6개월 밖에 안 된 아기가 머리는 나보다 크다. 뇌 수두증은 뇌척수액 흐름에 장애가 생겨, 두개강 내에 고이다 보니 머리가 크게 붓는 질환이다. 보통 산전 검사를 하지 않기 때문에 정확한 원인은 아무도 모르고, 아마 임신 중 엽산 섭취의 부족 내지 TORCH 바이러스 감염일 것이다. 피부과를 온 이유는 뇌수두증 부위에 심한 습진으로 왔다. 이 전에 소아과 진료 후 다른 신경외과로 갈 것을 권유 받았으나 가난 때문에 가지 못했다. 이번에도 나의 입장에선 습진 치료를 하고 신경외과 방문을 권유했으나, 가지 않을 것이다. 이 아이는 앞으로 한 돌을 넘기 힘들 것이다.

Elephantitis 중년의 남자도 내원했는데, 양하지가 Filariasis 같은 기생충 감염으로 림프관이 막히고, 코끼리 다리처럼 붓는 것이다. 몸은 비쩍 말랐으나, 다리만은 엄청나다. 일단 입원을 권유하고 치료를 시작했다. 또 다른 환자로 구두닦이 소년이 내원했는데, 여기서는 'Listro'라고 부른다고 한다. 이탈리아 말로 신발 닦는 사람을 뜻한다. 비누나 세제를 자주 쓰기 때문에 접촉 피부염과 염증 후 색소침착으로 얼굴이 까매져서 왔다. 특별한 치료는 없고 기다리다 보면 좋아질 것이라고 안심시켜 주었다.

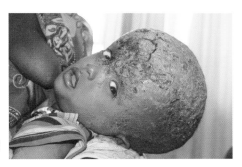

생후 6개월의 뇌수두증 아이

2012/12/27 목

　아디스아바바 대학교에 한국어 학과가 올해 초 3월경 개설되었다. 한국
국제교류재단Korean Foundation의 도움으로 포르투갈, 스페인, 이탈리아, 중
국어에 이어 다섯 번째로 외국어 강좌가 생긴 것이다. 그리고 한국인 교수
도 한국어 강의를 시작했다. 요새 부쩍 커지는 한-에티 간의 협력 증대를
반영한다. 이런 기사에 항상 나오는 내용이, 한국전 참전의 우호협력을 결
코 잊지 않겠다는 내용이다. 어쨌든 예전에는 동양인만 보면 무조건 '짜이
나'라고 불렀는데, 요새는 한국인들도 많이 알려지는 분위기다.

올드 에어 포트 인근에도 많지 않지만 몇 군데 맛집이 있다. 먼저 코이카 사무소 인근엔 두 군데의 피자집이 있다. 하나는 티볼리Tovoli라는 곳이고 나머지는 메트로Metro 호텔이 있다. 근래 티볼리는 칼 스퀘어 남쪽 아도트 빌딩 건너편에 있어 위치가 좋고 피자 한 판에 오천 원도 안 하는 너무나 착한 가격에 외국인 손님으로 붐빈다. 그리고 피자 뿐만 아니라 화이타와 그릴, 샐러드도 훌륭하다. 하지만 가브리엘 스퀘어에 있는 메트로 호텔은 근래 위치도 좋지 않으면서 가격도 비싸 손님이 많이 줄었다. 하지만, 에티오피아에서 별로라 하더라도 한국에서 비싼 수제 화덕구이 피자만큼 맛은 일품이다. 아디스에서 수제 화덕구이 피자를 즐기는 것이 남는 장사다. 그리고 코이카 사무소와 라프토 쇼아를 걸어가다 보면 중간지점 큰 길가에 저녁때마다 항상 에티오피아 현지인들이 긴 줄을 서서

티볼리 피자집

물물 빵집의 쿠키

빵과 쿠키를 사는 물물Mulmul 베이커리가 있다. 또한 볼레의 유명한 아이 스크림 가게였던 이글루Igloo가 사무소 바로 옆 아도트 멀티 플렉스 1층 에 분점을 냈다. 그리고 사르벳에는 피아자의 유명한 커피 가게인 토모카 Tomocca가 분점도 내었다. 이제 올드 에어 포트도 볼레에 이어 새로운 소 비 문화의 중심지로 뜨고 있다.

이글루 아이스크림

2012/12/29 토

　아디스에는 아프리카 유니온의 본부가 있다 보니, 아프리카 유니온
의 여러 정책 발표를 쉽게 접한다. 올해 3월 경, 제19회 the African
Committee of Experts on the Rights and Welfare of the Child가 열
렸다. 주제는 아프리카 여러 국가에서 전통적 풍습에 따라 아이들이 받
는 정신적·육체적 학대에 관한 것이다. 이러한 전통적 풍습을 Harmful
Traditional Practice라고 표현하는데, 가령 어떤 부족은 소녀의 성기를
절단을 한다. 탄자니아의 어떤 부족은 알비노Albinism, 선천적 색소 결핍으로 전신
이 모두 하얀 색을 띄는 질환로 태어난 아기가 특정 질환에 좋다는 이유로 살해
한 후 고기로 먹기도 해서, 작년 뉴스에 실린 적이 있었다. 에티오피아에
는 특별이 잔인한 풍습은 없지만, 아이들에 대한 구타는 아직 많이 남아
있다. 우리 아이는 예전 메켈레에서 집 앞의 칼렙 유치원에 다녔는데, 보
통 아이들이 떠들거나 말을 듣지 않으면, 유치원 교사는 발로 아이들을 걷
어찬다. 유치원에 들어가보면 세 살 아이들이 의자에 정자세로 앉아 움직
이지도 않고 있다. 한 단원이 '짜이나'라고 놀린 꼬마 아이를 학교 교장 선
생님께 데려갔더니 그 자리에서 교장 선생님은 꼬마 아이를 뺨을 때리고
발로 걷어 찼다고 한다. 한국 같았으면, 난리가 났겠지만, 여기서는 모두가
그러려니 하고 지나간다. 그러다 보니 에티오피아 아이들은 언뜻 보기에
순해 보이고, 한국 아이들은 ADHD과잉행동 장애가 아닌가 싶기도 하다. 교
육과 체벌은 한국에서 논란 중이지만, 여긴 아직 그런 논의가 없다. 종종
아이들에 대한 구타를 금지하자는 캠페인 문자가 오지만, 아직 이런 문화
가 바꾸려면 몇 년이 걸릴 진 모르겠다.

2012/12/30 일

    지난 5월 초순 경 서쪽의 감벨라_{Gambella} 지역에 외국인 살인 사건이 일어났다. 5명이 죽고 8명이 다쳤는데, 사우디 자본의 Saudi Star Agricultural Development 회사에서 고용한 파키스탄 근로자 다섯 명을 비롯한 에티오피아 근로자들이 상해를 입었다. 본부가 있는 곳에서 서쪽으로 5km 떨어진 시골 지역에서 관개용수 개발을 하다 습격을 당했다. 아마 현지 부족들이 자신의 고향에 대한 개발을 원치 않기 때문일 것으로 추정한다. 에티오피아는 토지 소유권은 없지만, 시골 지역의 경우 텃세가 세다. 자신의 지역을 통과만 해도 통행세를 요구하는 경우가 많고 구경만 해도 자릿세를 요구한다. 특히 수익을 목적으로 에티오피아에 온 외국인 기업은 타겟이 잘 된다. 공식적인 것은 아니지만, 지역 주민들은 당연하다고 생각한다. 아마 지난 1월 메켈레 인근 아파르주 다나킬 사막에서 있었던 외국인 살인사건도 이번 일과 같은 맥락에서 이해하면 될 것이다.

2012/12/31 월

    한국의 외화 빚이 사천 억 달러를 넘었다고 한다. 아프리카에서도 국가 채무는 심각한 문제다. 많은 아프리카 국가가 원금보다 많은 금액을 이미 갚았지만, 아직도 몇 배나 되는 빚에 시달리고 있다. 2004년 노르웨이 정부의 보고에 따르면, 170억 달러의 융자를 받은 국가가 이미 180억 달러를 갚았지만, 아직 340억 달러의 부채를 안고 있다. 약 200억 달러를 탕감 받았지만, 즉시 120억 달러를 상환해야 했다. 또한 '벌쳐 펀드' 내지 '헤지 펀드'들도 아프리카 국가에 위협적이다. 예를 들면 영국령 조세 피난처인 버진 아일랜드에 등록된 도네갈 인터내셔널_{Donegal international}펀드는 잠비아 정부의 3,000만 달러 부채를 330만 달러에 인

수했다. 그리고 잠비아 정부를 영국 재판에 소송을 걸어 5500만 달러를 요구해, 결국 1550만 달러를 받아 냈다. 펀드 입장에선 다섯 배가 조금 못 되는 수익을 낸 것이다. 이런 소송이 세계적으로 현재 19억 달러를 넘는다고 한다. 에티오피아에도 2002년 네슬레라는 식품 회사가 150만 달러를 가져갔는데, 여러 세계적 NGO들의 항의로 다시 돌려준 사례가 있다. 네슬레라는 회사는 기업의 이미지가 중요하기 때문에 돌려주었지만, 헤지 펀드들은 이런 것을 염려할 필요가 없기 때문에 돌려주지 않는다.

또한 큰 문제 중 하나는 부패한 독재 정권이 저지른 사악한 부채이다. 에티오피아는 1974년부터 1991년까지 멩기스투가 사회주의 정권을 수립했다. 이 동안 많은 사람들을 죽였고, 권력층의 사리 사욕을 위해 해외에서 조달한 부채를 현재까지도 상환하고 있다. 이러한 유사 현상은 다른 국가에도 나타난다. 남아공의 ANC 정권, 칠레의 피노체트 정권이 부당한 권력 유지를 위해 빌린 채무를 현재까지도 국민들의 세금으로 갚고 있다. 결국 에티오피아에서 NGO나 선진 원조 기관에 대해 감사하면서도 여러 규제를 가하는 것은, 이런 선진국의 부당한 세력들이 도와준다는 선한 얼굴로 들어와서 부를 착취당한 경험이 많기 때문이다. 나 또한 처음에 도와주러 온 사람을 감시하고 싫어하는 사람들을 보고 왜 이러나 싶었는데, 이런 사례들을 보면 이해가 간다.

에티에서 두 번째 맞는 새해다. 작년 새해를 맞이할 땐, 한국 갈 날이 까마득하게 남았다고 생각했지만, 결국 시간은 흘렀다. 온 식구가 무사히 사고 없이 시간을 보내 감사할 따름이다. 하지만 아무 날도 아닌 에티에서 나는 진료를 보았다. 86세의 할머니께서 병원에 오셨다. 따님이 모시고 왔는데, 에티도 한국처럼 노인에 대한 공경 의식이 강하여 이런 분들에겐 자식들도 최선을 다하려 하고 의료진들도 마찬가지다. 잘 걷지도 못하시는 분을 두 딸이 모시고 왔다. 어쨌든 양 엄지 발톱의 손발톱 굽음증Onychogryphosis으로 오셨는데, 발톱 관리를 잘 못하는 정신 지체자나 만성 질환자에서 나타나는 질환이다. 아마 이십 년은 발톱을 깎지 않았을 것이다. 마귀 할멈처럼 발톱 굵기가 발가락보다 두껍다. 소수술실로 모시고 국소 마취하에 발톱 적출술을 시행하니 내가 앓던 이가 빠진 느낌이다. 이 분은 효녀 둘이 있어 고령이라도 든든하실 것이다.

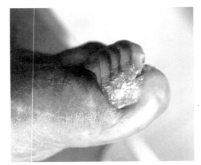

손발톱 굽음증 가지고 있는 할머니의 엄지발톱

2013/1/2 수

　　올 봄 5월경 에티오피아 정부가 중동에서 들어온 외국인 두 명을 추방했다. 무슬림 종교 행사를 이유로 불법적으로 사회주의를 전파하기 위해 선동하고 전단지를 배포했다고 한다. 이제 에티오피아에도 사회 변화가 시작되나 보다. 티그라이 사람들은 워낙 친정부 성향이 강한 곳이라 별 말은 없지만, 오로모 사람인 드라이버 다윗만 해도 현 정권은 20년 넘게 유지해 온 것에 불만이 있다. 그리고 실제로 서부 감벨라 지역에서는 버스 폭탄 테러로 20여명이 사망하기도 했다. 다른 북아프리카나 중동국가처럼 사회 변혁의 바람이 불 것 같기도 하다. 병원 간호사분들만 보더라도 페이스북을 모두 잘 이용한다. 한국에서 흔히 말하는 페북폐인도 있다. 이런 전세계적인 소셜 네트워크를 이용하다 보면 언젠가는 선진국의 생활이 어떤지 알게 될 것이다. 나 같은 소시민은 내가 있는 임기 동안만이라도 평화롭길 바란다.

2012/1/3 목

아디스 시내를 걷거나 바자회에 가면 뜻밖에 대나무 제품들이 많다. 주로 의자, 신발장, 바구니 등 종류도 많고 가격도 저렴하다. 조그만 낚시 의자 같은 것이 50비르, 3인용 간이 의자가 90비르, 신발장은 300비르 내외면 구입할 수 있다. 에티오피아는 의외로 대나무 원료가 풍부한 나라로 아프리카 전체 대나무 공급의 67%를 담당한다. 보통 대나무 하면 중국을 떠오르지만, 에티오피아도 대나무 강국인 셈이다. 이를 계기로 현재 주중 에티오피아 대사이신 세욤 머스팽Seyoum Mesfin 씨가 중국과 함께 대나무 원료 개발에 협조를 강화하기로 했다고 한다. 이들은 함께 국제 대나무와 등재료International Bamboo and Rattan란 모임을 만들어 베이징에서 학술 대회를 개최했다. 중국산 대나무 제품이 아닌 에티오피아산 대나무 제품을 한국에서 볼 날이 멀지 않았다.

에티오피아산 대나무 의자와 신발장

2012/1/4 금

출근길에 자동차 앞 바퀴 하나가 가라앉아 타이어 수리점에 들렀다. 자동차 휠을 빼내기 위해서 너트를 푸는데 한 개가 잘 안 풀린다. 수리공의 공구를 빌려서 내가 했다. 우격다짐으로 돌렸더니 너트가 하나 부러져 버렸다. 혹 떼러 갔다가 혹 붙이고 왔다. 수리공은 걱정 말라고, 5개의 너트가 있는데 4개만 있어도 안전하다 한다. 어쨌든 부러진 너트의 사진을 찍어서 한국에 보내고 우편으로 보내 달라 할 것이다. 여기서 갈아 끼우는 정도는 할 수 있지만 새 부품 구하기가 어렵다. 어쨌든 마라톤 모터스로 일단 가봐야 할 것이다.

에티오피아에서 현대차 판매량이 급증하고 있다. 마라톤 모터스는 현대차를 독점 판매한다. 마라톤 영웅이자 스포츠 재벌 게브라 셀라시에가 지분 70%를 가지고 있는 이 회사의 최대 주주이다. 그가 직접 두바이의 현대차에 편지를 보내 만남을 주선해 사업을 시작했다고 한다. 보통 경차 겟츠, i10클릭, 스타렉스 같은 경차와 봉고차가 주를 이루었지만, 근래 승용차와 SUV 차량의 판매도 급증하고 있다. 10만 km에 이르는 보증기간과 AS 서비스로 입지를 굳히고 있고, 2010년엔 국방부에서 40대의 15톤 덤프트럭을 구매했다. 에티에서 군대가 사용하는 차량은 강한 차라는 이미지를 준다. 일제차 일색의 에티오피아에서 국산차의 선전이 반갑기만 하다.

 오늘의 목적지는 한국전 참전용사 기념공원이다. 에티오피아는 한국전 당시 지상군을 파병한 유일한 아프리카 국가였다. 이에 대해선 앞서 기술한 바 있다. 유명 관광지는 아니지만 보통 한국에서 오신 많은 분들이 꼭 들르는 코스 중의 하나다. 주변 동네 사람들은 한국인을 보면 으레 이쪽으로 안내해 준다. 우리는 에티오피아 온지 1년 반이 되어서야 오게 되었다. 위치는 스드스트 킬로 사거리에서 서쪽 방향으로 약 500m 가량 가면 오른편 골목에 있다. 입구부터 친숙한 한글로 한국전 참전용사 기념공원Ethiopian Korea War Veterans Memorial Park라고 적힌 간판이 눈에 띈다. 이전에 아핀초 버 공원Afincho Berr Park 자리에 국가보훈처와 춘천시가 무상으로 지어 기부한 것이다. 춘천시가 나선 이유는 주로 에티오피아 군대가 화천을 비롯한 강원도 일대에 주둔하면서 전투를 했기 때문이다. 입구를 들어서면 정원을 지나 건물이 하나 보이는데, 이는 에티오피아 참전 용사회 사무실이다. 입구부터 많은 노병들이 줄서서 기다리고 있다. 화천군과 보훈처에서 참전용사에게 매월 생활비를 지급하기 때문이다. 꼭 돈이 아니더라도 노병들은 여기 모여 젊은 시절 추억들을 이야기하며 시간을 보낸다. 실내로 들어가니 직원이 한국인에게 극진한 친절을

입구 간판

기념비

보이면서 회장실로 안내해 준다. 나는 사실 박물관인 줄 알고 안내를 부탁하려 했으나 참전 용사회 회장님을 만나보게 되었다. 회장님이 직접 공원을 안내해 주신다 하였으나 점잖게 사양하고 건물을 나와 기념탑에 섰다. 전체적인 모양은 스드스트 킬로의 예카티트 12 기념탑처럼 뾰족한 첨탑과 위에는 에티오피아를 상징하는 사자 동판이 걸려 있다. 좌우로 양국의 국기가 걸려 있고, 앞 편에 전사한 군인들의 비석이 세워져 있다. 오른편에는 태극기 문양을 한 분수대가 설치되어 있지만, 물은 없었다. 한국의 전쟁기념관처럼 웅장한 큰 공원은 아니지만, 한국인이라면 한번쯤 들러 보아야 할 곳이다.

기념탑

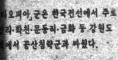

대한민국 6·25 전쟁에서 자유수호를 위해 산화하신 기리를
기제 편히 잠드소서

2006. 2. 26

기 증 자 연합통신 이 해 용

Brave soul who fought for freedom in Korea.
MAY YOU REST IN PEACE!
Donated by LEE, HAE YONG Reporter with united press

1951   195?

에티오피아 군은 한국전선에서 주로
산양리·화천·문등리·금화 등 강원도
지역에서 공산침략군과 싸웠다.

한국전쟁 인명피해
ㅈ ㅇ ㅜ ㅈ : CASUALTIES

전사   부상
ㅇ ㅠ ㅅ : 122   ㅇ ㅠ ㅅ ㅅ : 536
DEAD   WOUNDED

전투지역
ㅇ ㅇ ㄹ ㅇ : BATTLE ZONE

THE ETHIOPIAN SOLDIERS FOUGHT
AGAINST THE AGGRESSOR
AT SANYANG-NI, HWACHON
WONDUNG-NI, KUMHWA ETC. OF
KANGWON-DO AREA
DURING KOREAN WAR.

DMZ

MUNDUNG-NI
KUMHWA
CHIPO-NI
SANYANG-NI
HWACHON
KAPYONG
CHUNCHON

(위로부터) 6·25전쟁시
에티오피아 군의 활약.
전사자 동판,
태극기 모양 분수대

오후에 우리 식구는 AU 건물을 보러 갔다. 아직 실내는 마감이 안 되었지만, 바깥의 광장은 볼 수 있다. 이 건물은 중국에서 무상으로 지어 준 것이다. 흔히들 중국의 이런 외교를 스타디움 외교라고 하는데, 건물과 인프라를 무상으로 지어 주고 대신에 자원의 채굴권 등을 가져간다. 40년 전부터 중국은 아프리카 시장 공략을 시작했다. 하지만, 부작용도 만만치 않아, 건물을 질 때 대못 하나 까지도 모두 중국에서 공수해 오고, 근로자들까지 전부 중국인을 채용하다 보니, 오히려 에티오피아의 산업을 고사시키고 있다. 그리고 아프리카 현지인들은 자신들의 자원을 강탈해 간다고 생각한다. 인프라를 공사해 주고 자원을 가져오는 상업적 거래가 많은 반발을 불러 일으켰다. 물론 에티오피아는 뺏길만한 특별한 지하 자원도 없지만, 다른 시장을 잠식당하고 있다. 또한 공사가 끝나고 중국 근로자들은 고국으로 돌아가지 않고, 뒷골목 상권까지 장악하려 해 반 중국 정서가 심각할 정도이다.

한국의 한 언론 매체 아프리카 프로젝트 팀에서 중국의 이런 스타디움 외교 대신 호스피탈 외교를 펼쳐 보자고 제안한다. 병원 지원 사업은 상대적으로 현지인들의 반감을 사기 보다 감사하게 생각하며 호감을 표시하는 경우가 많기 때문이다. 특히 의사 수가 삼천 명도 되지 않은 이 나라에서 의사들의 더 많은 파견은 한국의 이미지 제고에 기여할 것이다. 이 프로젝트 팀은 한 해 20명도 안 되는 코이카 협력의사를 100명 선으로 확대하자고 주장한다. 의사 파견 이외에 현지 의료 교육 기관을

AU 건물 앞에서

설립하고, 현지 의료인을 한국으로 유학시키는 방법도 한 방편이다. 또한 한국의 교체 대상인 의료 장비들을 기증하자고 제안한다. 이런 식으로 한국을 접한 현지인들은 한국에 우호적일 수밖에 없다. 중국의 선례를 본받아 한류 열풍을 타고 있는 한국 고유의 스타일이 필요할 것이다.

2013/1/7 월

오늘은 에티오피아 크리스마스다. 모든 상점과 근로자들은 쉰다. 사실 2주 뒤에 있을 '뜨므깟영어로 Epiphany라 부른다.'이 더 큰 축제지만, 오늘도 많은 사람들은 축제 분위기를 즐기고 있다. 가게 곳곳엔 크리스마스 트리 장식이 있다. 현지인들은 닭요리인 '또러 워뜨'를 주로 먹는다. 우리 옆집과 뒷집도 이날 잡으려고 며칠 전부터 닭을 사다 놓아, 덕분에 요 며칠간 하루 종일 '꼬끼오' 소리를 들었다. 가난해서 닭을 살 수 없는 사람들은 대신에 계란을 사 달걀 요리를 먹는데, 이 덕분에 달걀 가게 앞엔 사람들이 줄을 서 있고 계란 값도 올랐다.

단원들은 코커바쯔바 초등학교에 모여 크리스마스 기념 공연을 한다고 한다. 이 학교는 러시아 대사관 바로 옆에 있는 학교로 장애아를 위한 특수 학급도 있다. 건물과 규모가 여느 대학 못지 않게 크고 울창한 숲을 가지고 있다. 캐롤송 공연과 함께 학생들에게 장학금 수여식도 있었다. 공연 도중 다운 증후군을 가지고 있는 아이들도 무대로 나와 춤을 춘다. 아프리카의 다운 증후군 아이들은 한국보다 더 활기차고 춤도 각지게 훨씬 잘 춘다. 우리 식구는 맨 앞줄에 앉아 이들의 공연을 즐겼지만, 차마 같이 출 정도로 몸이 유연하진 않은 것 같다. 공연을 마치고 아디스아바바 레스토랑이란 참전용사 기념공원 인근의 유명한 현지 식당에서 '고든 뜹스Goden Tibs'를 주문했는데, 한국의 갈비처럼 고기가 갈비 뼈에 잔뜩 붙어서 나온다. 이런 날이 즐거운 걸 보니 이젠 우리 식구도 현지인이 다 되었나 보다.

　한국의 모 유명 가수의 안티 까페 회원들이 결국 징역형을 선고 받았
다고 한다. 그리고 여러 통신사나 병원을 돌아다니며 트집을 잡아 돈을
갈취하는 '블랙 컨슈머' 이야기, 모 회사의 휴대폰 폭발 사고 위장 등, 이
런 이야기가 많다. 그만큼 한국의 국민들, 소비자들, 팬들이 쉽지 않은
상대란 걸 의미한다. 한국 시장이 여러 선진국 제품의 테스트 마켓으로
인정되고 있다는 것도 맞물려 있는 현상 중의 하나일 것이다. 이렇게 까
칠한 국민들을 가지고, 또한 인터넷의 발달로 모든 국민이 모든 걸 아는
사회에서 공급자가 오만함을 부리긴 쉽진 않다. 물론 종종 소비자들의
이런 극단적인 경우는 옳지 않지만, 때론 이런 비판 기능이 사회 발전의
촉매 역할을 하지 않았나 싶다.
　사실 에티오피아에 비판 문화는 없다. 병원에서 불평하는 환자는 극
히 드물다. 이렇기 때문에 아직 에티오피아 의사들은 상당히 권위적이고
때론 오만해 보이기도 하다. 환자나 간호사가 불평하면 큰소리 치며 내쫓
기 일쑤다. 한국에선 이제 의사의 권위는 커녕 환자들에게 폭행 당하지
않을까 걱정하고 있고, 근래 의료인 내지 구급대원 폭행 방지법 제정을
주장하는 형국에 비하면 천지차이다. 하지만, 이런 의사들에 대한 비판
문화로 인해 한국의 의사들은 긴장 속에 좀더 섬세하고 세심하게 환자들
을 대하게 된다. 결국 이는 최신 의료 기술, 보다 나은 서비스로 발돋움
되는 밑거름이 되는 것이다. 에티오피아 의사들은 이런 환자들의 불평
불만 없는 문화를 즐길지 몰라도 결국 이는 의료 발전을 저해하는 요소
로 작용할 것이다. 이런 무비판 문화는 관공서나 행정기관, 심지어 언론
기관까지 전반적으로 퍼져 있다. 얼마 전 에티오피아의 두 기자가 반정부

내란 혐의로 2011년 13년 형을 선고 받았고 지난달 항소심에서도 패소해 5년 형을 받았다. 이들은 정부가 지목한 5개의 테러 단체 중 하나인 Ginbot 7과 연관되어 있었고 이와 관련된 정치 기사를 냈다. 당시 같이 구금되었던 스웨덴 기자 두 명은 곧 풀려났지만, 이들은 아직도 3년 3개월 가량을 더 감옥에 있어야 한다. 사실 에티오피아는 2009년 몇 번의 폭탄 테러 이후 반정부 테러 행위에 10년 이상의 형을 선고하는 엄격한 법을 제정했다. 하지만, 이후 이 법률은 집권층에 비판적인 야당 인사들이나 야당 지지자들, 그리고 언론인들을 탄압하는 방법으로 사용되는 경우가 있었다. 이로 인해 서방 선진국의 인권 단체들은 에티오피아를 언론과 인권 탄압 국가로 국제 재판소에 고발한 상태다. 물론 실제로 범죄를 저지르는 테러 단체에 대한 제재는 타당하나, 에티오피아는 사회 각계의 발전을 위해 건전한 상식적인 비판 문화 또한 놓치지 말아야 할 것이다.

2013/1/9 수

정초부터 우울한 소식이 나온다. 27세의 오스트리아 여성 여행객이 아디스에서 550km 떨어진 백나일 강에서 캠핑과 래프팅을 즐기던 중, 강도의 습격을 받아 사망했다고 한다. 당시 다른 일행 세 명이 있었지만, 모두 비무장 상태였고, 이들이 강둑에서 캠핑하는 사이 공격받았다고 한다. 다행히 다른 오스트리아 일행 세 명은 무사하나, 오스트리아 정부는 이 사건을 계기로 에티오피아를 테러리스트 국가로 지정했다고 한다. 작년 1월 다나킬 사건 이후 1년 만에 발생한 또 다른 외국 관광객 피살 사건이다. 나는 개인적으로 에티오피아의 관광 산업이 증진되길 바라는 마음이지만, 이런 기사를 보면 기분이 울적하다. 이런 일이 있으면, 에티오피아를 방문하는 외국인의 숫자는 줄게 되고, 거주 외국인도 주말에 집에만 머물기 마련이다. 도심지역은 비교적 안전하나, 야외에서 캠핑을 한다 던지, 한적한 지역에서 오랫동안 머무르는 것은 다소 위험할 수도 있다. 이런 곳은 현지인 가드와 함께 동행하는 것이 좋다. 아무쪼록 에티오피아 정부는 이런 일을 현명하게 해결해 보다 안전한 국가로 발전하길 바란다.

2013/1/10 목

　라스 데스타 병원장님이신 닥터 아브라함이 6개월의 긴 장정을 마치고 드디어 한국에 돌아오셨다. 한국의 여러 기관들로부터 초청과 지원을 받아 한국의 의료 시스템과 최신 의료 기술에 대한 연수를 마치고 오셨다. 가족들도 친구도 없이 한국에서의 6개월이 힘들고 외로울 수도 있을 법 한데, 전혀 그런 기색은 없다. 나를 보니 '안녕하세요' 하며 반갑게 인사한다. 지난 6개월은 평생 잊지 못할 값진 걸 얻었다고 한다. 이제 라스 데스타 병원에 열렬한 친한파 고위직 한 분이 생긴 것이다. 그동안 내과의사 무투쿠가 원장 대리의 역할을 수행했으나, 이제 외과의사 아브라함이 원장님의 역할을 진행할 것이다. 한국국제협력단을 비롯한 몇몇 한국의 기관에서 이렇게 에티오피아의 사람을 초청해 숙식은 물론 짧게 또는 길게 교육의 기회까지 제공하는 경우가 근래 부쩍 늘었다. 마치 한국판 풀브라이트 장학금과 같은 것인데, 이런 기회를 받은 사람들은 거의 대부분 친한파가 되어서 돌아가는 것은 물론이다. 가끔 한국의 외국 근로자들의 경우 부당한 대우에 반한파가 되어 고국에 돌아가는 경우도 있지만, 이런 경우는 절대적 친한파가 되는 경우가 대부분이다. 장학금 받던 나라에서 주는 나라가 되니 한국의 국력 신장이 반가울 뿐이다.

2013/1/19 토

    오늘은 에티오피아에서 가장 큰 명절 중의 하나인 뜨므캇_{Timkat,} _{Epiphany}이다. 보통 매년 1월 19일 내지 20일 경에 있고, 예수가 요르단 강에 몸을 담그면서 자신이 메시아임을 드러낸 것을 기념하는 날이다. 곤 다르의 파실라다 황제의 목욕탕은 수개월 동안 강물로 물을 채우고, 이 날 모든 사람들이 물에 들어가 축제를 즐긴다. 랄리벨라의 요르단 강 또 한 유사한 행사가 열린다. 신부들은 화려한 복장을 하고, 맨 앞에서 머리 에 모세의 십계가 들어 있는 법궤를 이고 간다. 아디스에선 사르벳에서 행사가 가장 크게 열리며, 수많은 학생들이 흰 옷과 왕관 등으로 화려하 게 치장하고 링로드를 따라 춤을 추며 행진한다. 덕분에 우리 집 앞의 링 로드는 꽉 막혀 집에서 차를 가지고 나오는 것은 불가능했다. 에티오피 아의 다른 어떤 축제보다도 화려한 행사가 열리는 날이니, 에티오피아에 방문하거나 거주하는 외국인들은 이날을 놓치지 말아야 한다.

뜨므캇 축일에 행진하는 사람들

2013/1/24 목

아프리카에는 유로 축구대회 못지 않은 아프리카 축구 대회가 있다. 어제 전 피파 랭킹 120위인 세계 최약체 에티오피아는 작년 우승국 잠비아와 골키퍼 퇴장 후에 10명의 수적 열세에도 불구하고 1대1로 비겼다. 사람들은 모두 축제 분위기고 거리에 나와서 응원을 하고 있다. 지고 있는 상황에서, 골키퍼까지 퇴장 당하고 패색이 짙던 에티오피아가 후반 동점골을 넣었을 때, 월드컵 때 한국이 골 넣은 것처럼 전국에 '와' 하는 함성이 들린다. 거리엔 사람들이 떼를 지어 다니고 다니는 픽업 트럭에 무작위로 올라타서 소리를 지른다. 항상 스포츠 경기엔 이변이 있어야 재밌고 약자가 강자를 이겼을 때 통쾌하기 나름이다.

2013/1/25 금

볼레 인근에 있는 안티카ANTICA란 피자집에서 협의 동료들과 저녁을 먹고 오는데, 길이 심상치 않다. 경찰들이 도로 곳곳에 있고, 도로 통제도 이루어지고 있다. 해외에서 특별한 분께서 오신다고 한다. 하지만, VIP를 위한 도로 통제가 우회로도 없이 이루어지니, 집에 갈 길이 없다. 이 많은 도로를 오랜 시간 동안 통제하는 것도 신기하다. 특별한 한 분을 위해 수많은 사람들이 불편을 감내해야 하는 것이다. 한국 같았으면 일반 시민들이 가만 있지 않았을 것이다. 가끔씩 드는 생각에 아프리카에서 VIP로 사는 건 나쁘지 않다고 생각한다. 묵묵히 불편함을 참는 국민들과 소위 말하는 윗사람을 경배하는 분위기는 VIP 분들에게 쾌적한 삶을 제공한다. 하지만, 이런 문화가 평범한 국민들에게 어떠한지는 생각해 볼 일이다.

세번째
#에티오피아 둘러보기

남부답사1 아와사, 랑가노 호수 2012. 9. 10. – 2012. 9. 12.

2012/09/10 월

7시 반 출발했다. 아와사 Awasa 가는 길로 짐마 Jimma, 세베타 Sebeta 쪽으로 가다가 부타지라 Butajira로 빠지는 길을 택했다. 데브리 자잇, 모조 Mojo, 나자렛 Nazret 도로는 지부티부터 모든 화물차가 오기 때문에 길도

가는 길 지와이 호수가 보이는 곳에서 우리차와 함께

가는 길 –
지와이 호수가 보이는 곳에서
나타난 현지인들

막히고 도로 사정도 좋지 않기 때문이다. 우리 선택은 상당히 훌륭했다. 마치 넓은 평야가 있는 제주도의 국도를 달리는 기분을 느꼈기 때문이다. 차 안에서 못 먹은 아침 대신 정 소장님께서 가져오신 쿠키를 먹으니, 소풍 가는 기분이다.

두 시간 여를 달리니 지와이Ziway와 부타지라로 갈라지는 삼거리가 나온다. 부타지라로 직진을 하면 아르바 민치Arba Minch 가 나오기 때문에, 우리는 좌회전을 했다. 그리고 더 달리니 가장 좋은 전망을 자랑하는 지와이 호수lake ziway가 드디어 나온다. 지와이시 도착하기 전에 언덕 위에서 호수와 호수 위에 떠 있는 다섯 개의 섬을 바라볼 수 있다. 이후 지와이시에서 Ziway tourist hotel나중에 올 때 왔던 Bekele Mola 호텔이 더 훌륭했다.에 10시경 도착했다. 커피 한 잔을 했는데, 알고 보니 작년 현지 적응 훈련 기간 중 지방 답사 시 식사 했던 곳이다. 지와이 같은 작은 도시에서 외국인이 갈 만한 곳은 한정된 것 같다.

사바나 롯지

사바나 롯지_나무에 매달린 새둥지

우리는 이후 1시간을 더 달려 랑가노 호수에 있는 사바나 롯지에서 점심을 했다. 이곳에는 고속도로 동쪽으로 랑가노 호수, 서쪽으로 아비아타와 샬라 호수, 이렇게 세 개의 호수가 모여 있는 곳이다. 주로 좋은 리조트는 랑가노 호수에 몰려 있다. 하지만, 샬라 호수도 아름다운 새들로 유명하고 캠핑을 할 수 있다. 어쨌든 우린 사바나 롯지로 들어갔는데, 그림 같은 절벽 위에 리조트가 있고 계단을 내려가면 해변가 같은 모래사장을 가진 호숫가가 나온다. 아이들은 바다라고 좋아한다. 한국에 이런 숙박 시설이 있다면 사람이 붐비고 가격도 비쌀텐데 하는 생각이 든다. 척박한 북쪽에 있다가 남쪽으로 오니 이런 자연과 아름다운 호텔들이 있다.

드디어 교통의 요지 사세메Shashemen의 사거리를 지나고 운도 게넷 Wondo Genet 삼거리를 지나쳐 오후 세시 경 목적지인 아와사의 하일라 리조트에 도착했다. 이 리조트는 아와사 시의 초입에 있다. 1996년 애틀란타 올림픽 만 미터 금메달리스트로 유명한 하일라가 소유한 리조트로 이분은 볼레 공항 앞에 있는 하일라 빌딩과 현대차 수입 딜러로도 유명하다. 더블룸은 하루에 114달러고 추가 침대에 29달러로 아와사에서 가장 비싼 축에 속한다. 우리는 2일 숙박료로 5200비르 가량 냈다. 하지만, 조식, 수영장, 사우나, 부대시설 자쿠지, 보트 제외 이용은 무료다. 우리 식구

사바나 롯지의 다리

하일라 리조트 전경

들은 또 한번 놀랐는데, 하일라 리조트는 한국의 좋은 콘도와 느낌이 비슷하다. 4층짜리 양 날개를 가진 빌딩이 있고 호숫가를 접해 있어 손님이 많지 않을 때는 레이크 뷰 객실에서 잘 수 있다. 손님이 많을 때는 가든 뷰를 선택해야 한다. 특히 보트 정박장 근처의 정원은 너무도 아름답다.

저녁으로 아와사 시내에 있는 염소 뜹스를 정했다. 현지 단원이 추천했기 때문이다. 사실 에티오피아에서 열다섯 달 가까이 있으면서, 무지하게 많은 뜹스를 먹어 보았지만, 의외로 염소 뜹스는 맛보질 못했다. 어쨌든 주문하고 먹으니 기름기도 없고 바삭한 것이 끝내준다. 왜 여기를 추천하는지 알 것 같다. 그리고 가격도 그리 나쁘지 않아 0.5kg 6개에 음료까지 500비르가 채 나오지 않았다. 사람이 어른만 7명, 애들 3명에 비하면 말이다. 다시 리조트로 돌아와 로비에서 아이스크림과 케이크를 애들용으로 주문하니 애들은 살맛 나나 보다.

하일라 리조트 우리 방

2012/9/11 화

　　호텔 조식을 마치고 시내 드라이브를 나갔다. 아와사는 평화롭고 깨끗한 도시다. 관광지란 느낌이 드는데, 예전에 가 보았던 바흐다르와 느낌이 비슷하다. 시내 곳곳에 재밌는 조각을 가진 라운드 어바웃이 있고, 이 중 벽화를 가진 나선형의 기념탑이 눈에 띈다. 아와사는 사실 남에티오피아 주의 주도이긴 하지만, 별다른 역사는 없고 호수와 아름다운 새들로 유명한 도시다. 왜가리, 뜸부기, 잉꼬, 대머리 황새, 가마우지, 물떼새 등 만약 새 전문가가 온다면 눈이 휘둥그레질 만한 도시다. 하지만, 평범한 외국인에겐 하일라 리조트로 더 유명한 도시다. 그만큼 하일라 리조트는 시설은 좋지만, 호숫가를 압도하는 규모로 지어졌기 때문이다. 한국에는 이런 자연경관보다 더 큰 다소 조화롭지 못한 콘도가 많은데, 이 하일라 리조트가 느낌이 비슷하다. 사실 에티오피아는 관광산업이 아직 발전하지 못해 리조트들이 소규모로 지어지고, 그 방을 다 채우는 경우는 별로 없다. 때론 작은 롯지들이 자연과 더욱 조화를 이루고 있고, 내심 에티오피아의 산업화가 늦춰졌으면 하는 바람도 있다.

　　우리는 점심으로 베네치아란 레스토랑을 선택했다. 하일라 리조트에서 나와 큰길로 우회전해 호숫가를 쭉 따라가면 돌체 비타Dolce Vita 음식점, 르위Lewi 리조트 간판과 함께 모여 있다. 2층 테라스에서 아늑한 분위기와 이탈리아 주방장이 직접 요리하는 훌륭한 요리를 맛보았다. 사실 현지인들이 더 좋아한다는 르위 리조트에서 점심을 하려 했으나, 입장료로 100비르를 달라하여 기분 나빠 장소를 바꿨다. 나중에 알고 보니 현지 단원한테 50비르 입장료를 받고 음식을 주문하면 여기서 50비르를 깍아 준다고 한다.

　　점심 후 아와사에서 가장 유명한 피쉬 마켓을 가 보았다. 베네치아 레스토랑과 굉장히 가까워서 입구를 나서서 왼쪽 호숫가로 10분만 걸어가면 나온다. 원래는 외국인 관광객은 입장료를 받지만, 현지 단원과 함께 가서 면제 받았다. 가보니 대머리 황새Marabout, 수백 마리가 모여서 장관을 이루고 있다. 이 새들은 키가 나만하고 부리는 팔뚝만한데, 가까이서 보면 머리가 벗겨지고 못 생긴 새다. 하지만, 이런 새 무리를 바로 앞에서 보는 건 기괴하고 영광스런 경험이다. 동네 꼬

피쉬 마켓에서 물고기를 얻어먹는
대머리 황새떼

마아이한테 5비르를 주니 생선 쪼가리를 우리 앞에서 뿌린다. 그리고 황새 수십 마리가 우리 앞으로 모여 들고, 이 때 사진을 찍는다. 어른들은 조금 무서웠는데, 우빈이는 새들을 잘도 쫓아다닌다. 피쉬 마켓은 크진 않지만 어부들은 맨손으로 능숙하게 잡을 물고기 껍질을 벗기고, 내장과 눈알을 잘도 뺀다. 한국 수산 시장에 가면 칼로 순식간에 발라 버리는데, 여긴 맨손으로 그리고 조그만 꼬마 아이들도 능숙하게 발라 버린다는 것이 차이점이다. 그리고 현지 단원 말로 예전에 여기서 하마를 본적이 있다고 한다. 피쉬 마켓에서 호수를 바라보면, 왼편에는 조그마한 언덕이 있는데 이는 타보 언덕 Tabour Hill 이다. 여기는 도보로 올라가야 하고 가면, 아와사 호수와 시내가 가장 잘 보이는 전망대라고 한다.

하일라 리조트 앞에서 하마 출몰

리조트로 돌

아와 수영을 했다. 물은 찬물이다. 하지만, 수영장의 끝이 호수랑 연결된 것처럼 보이는 인피니트 공법이 눈에 띈다. 애들은 들어간다고 아우성이다. 나는 추워서 사실 내키지 않았는데, 마침 같이 간 NGO 여직원 두 분이서 대신 데리고 놀아준다. 이렇게 찬물에서 애들 기운을 빼면 저녁때 우리 부부가 편하다.

하일라 리조트 앞 호숫가에서 오리 가족

저녁 식사 전 리조트 앞 호숫가에서 하마 한 마리가 나타났다. 비록 목과 얼굴만 내밀고 먹이를 먹고 있었지만, 이렇게 양식이 아닌 자연산 하마를 보는 건 처음이다. 우빈이는 소리를 지른다. 혹자는 하마가 지구에서 제일 무서운 동물이라고 한다. 사실 오늘은 에티오피아 달력으로 1월 1일이고, 신년 휴일이다. 현지인들은 키두스 요하네스Kiddus Yohannes라고 부른다. 사람들은 가족들, 특히 아이들에게 옷이나 다른 선물을 주고, 체스와 유사하게 생긴 구그스Gugs란 게임을 즐긴다. 개인적인 생각에 리조트에서 신년 연휴 기념으로 손님들을 위해 먹이를 풀어 하마를 유인하지 않았나 싶다. 어쨌든 우린 30분 가량 하마를 구경하고 즐겼다. 저녁으로 아와사에서 제일 유명한 식당인 돌체 비타Dolce Vita를 택했다. 여기는 갤러리도 겸하고 있어 음식점 곳곳에 예쁜 그림들이 걸려 있다. 분위기 있는 좋은 식당을 원한다면 추천할 만하다.

2012/9/12 수

조식을 먹은 후 보트를 탔다. 250비르의 짧은 코스로 하마만 보는 것
과, 500비르로 하마와 피쉬 마켓, 르위 리조트, 팰리스까지 보고 오는
긴 코스가 있다. 리조트의 남자 사우나 앞 리셉션에서 표를 끊고 리조트
내의 정박장 내에서 출발한다. 직원들한테 물어보니 사실 하마를 보는
가장 좋은 시간은 오전 7시 내지 오후 3시라고 한다. 하지만, 보트 영업
은 오전 9시부터 시작하고, 어제 오후 3시에 보려 했으나, 비가 와서 오
늘 오전 9시로 택했다. 보트를 타고 10여 분을 가니 습지대가 나온다. 호
수에서 보트는 바다와 달리 조용하고 요동도 없다. 배멀미 또한 없다. 내
심 기대를 하지 않았지만, 기분 전환 삼아 좋다. 어쨌든 습지대에 도착
하니 7~8마리 정도의 하마 한 가족이 물속에서 머리만 내밀고 있다. 그
중에서 가장 큰 숫놈은 우릴 경계하는지 콧김을 연달아 내뿜는다. 그리

오는 길에서 보이는 지와이 호수와 섬들

고 우는 소리도 내는데, 가까이 가면 공포스러울 수 있다. 우리 말고 다른 팀은 어제 저녁 리조트에서 하마를 봤으니 보트를 안 타도 된다고 했지만, 분위기는 다르다. 별로 비용이 아깝지 않았다.

우린 11시에 리조트를 출발했고, 오후 1시 지와이에 도착했다. 그리고 도시 남쪽의 오일리비아 주유소 뒤편에 있는 Bekele Mola hotel에서 생선까스와 구이를 주문했다. 올때 들렀던 Ziway Tourist Hotel 보다 더 깨끗하고 아늑한 정원에 화장실도 좋다. 그리고 2시경 다시 출발해 오후 5시 드디어 아디스에 무사히 도착했다. 이번에는 다른 식구와 함께 차량 두 대가 가니 마음이 훨씬 편안한 여행이었다.

하일라 리조트 로비

남부답사2 티야, 아다디, 멜카 2012. 10. 27.

2012/10/27 토

오늘의 행선지는 티야Tiya의 비석들, 아다디의 마리암 교회Adadi Maryam Church 그리고 멜카의 멜카 쿤트레 선사 유적지Melka kuntre prehistoric site다. 에티오피아에는 아홉 개의 세계 문화 유산이 있는데, 이중 티야의 비석들과 멜카 쿤트레의 선사 유적지가 포함된다. 모두들 부타지라 가기 전에 있고 짐마Jimma로 가는 길을 먼저 타고 삼거리에서 좌회전해서 빠져나간다. 이때 표지판이 없으므로 주의해야 한다. 가장 먼 티야가 아디스에서 약 90km 정도이고 가까운 멜카가 약 50km 정도 거리다. 세 곳 모두 고속도로에 표지판이 있으므로 찾는 건 어렵지 않다.

한 시간 반을 달려 아디스로부터 90km 거리에 있는 티야에 도착했다. 고속도로에 비석들의 사진이 있는 간판을 보고 왼쪽으로 400m 가량 비포장을 가

입구 간판

전시관의 비석 사진들

면 입구에 도착한다. 입장료와 가이드 비용은 각 50비르 이나, ID 카드를 보여 주니 각 30비르로 할인해 주었다. 입구를 들어서면 사무소가 보이는데, 사무소 안에는 비석들의 사진과 이름들이 적혀 있다. 사무소를 나오면 넓은 갈대밭 평야 한가운데 비석들이 서 있다. 비석들의 첫 느낌은 마치 고대 잉카 문명의 유물을 보는 듯하다. 이곳에는 총 세 그룹의 비석들이 있는데, 각 33개, 4개, 4개씩 총 41개의 비석이 있다. 이중 큰 것은 2m가 넘는 것도 있다. 각각 고유의 재미있는 이름들이 있다 Gora shino, Belba, Bubisa, Metega, Ganame, Oddo tibo, Tero Kiltu, Miya kotiyo, Gemise, Wacho Balemotebi, Ambet, Seden, Golba Lemo miya, Gatira dema, Botone, Sombo, Gemise, Dubis, Meskan golobo, Armuffo dildila, Mamo, Tite, Tiya, Firshi, Dimbo der, Amawuti, Gueno aguti, Fato, Gofa, Gareno selasie, Mulicha era, Makona, Gayet. 이 비석은 12~14세기 경에 제작된 것으로 추정되고, 칼, 베게, 여성의 젖가슴과 몸통이 그려져 있다. 비석들은 왕족이나 귀족들의 묘비로 추정한다. 새겨진 칼의 개수는 죽인 적의 숫자로 생각하는데, 두 개 내지 세 개가 그려져 있지만, 어떤 비석은 십여 개가 새겨진 것도 있다. 그리고 나무로 만든 에티오피아 베게도 새겨져 있으며, 여성의 젖가슴 내지 몸통이 새겨진

A 그룹의 비석들 전경. B 그룹의 비석들

여성의 젖가슴 문양.
칼의 숫자는 죽인 적의 숫자

돌은 이 묘비가 여성의 무덤임을 상징한다. 어떤 비석은 여성의 젖가슴만 있어, 여기에 얼굴을 대고 사진을 찍으면 재미있는 사진이 나온다. 하지만, 아직까지 이 비석들에 대해선 누가 어느 시기에 무엇을 위해 만들었는지 정확한 자료는 못 찾고 추정만 할 뿐이다.

(차례대로) 여성의 몸통 문양.
기울어진 비석.
항아리 모양 비석

교회 입구, 암굴 교회 전경

암굴 교회로 내려가는 길

교회 복도와 창문, 교회 실내 모습

　　두 번째 행선지는 아다디 마리암 처치다. 여기는 비록 세계 문화 유산은 아니지만, 랄리벨라의 작은 축소판이라 생각하면 될 것이다. 티야에서 아디스 방향으로 약 30km 거리에 있고, 고속도로에 교회 간판이 보이지만, 여기서 비포장을 다시 12km 정도 달려야 한다. 교회 입구에 도착하니 입장료 50비르에 카메라 사용 10비르를 내야 한다. 교회로 들어가면, 랄리벨라 교회처럼 커다란 화강암을 밑으로 파서 만들었다. 하지만, 단 한 개의 교회가 있을 뿐이고 마감 또한 랄리벨라보다 투박하다. 900년 전 만들어졌으며, 교회의 한 면은 바위와 연결되어 있다. 실내로 들어가면 다른 교회에서 볼 수 있는 그림들과 성경책이 있고, 24개의 창문이 있다.

마지막으로 아디스에서 40km 거리에 있는 멜카의 멜카 쿤트레 선사 유적지로 향했다. 역시 고속도로에서 간판이 보이고 여기서 비포장 약 4km를 달리면 나온다. 입구에 도착하면 입장료는 30비르다.

전시관 전경

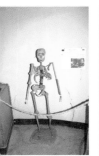

루시를 발견한 과학자

그리고 네 개의 오두막 같이 생긴 투쿨이 보이는데, 안에는 유물들과 이를 설명하는 판이 벽에 걸려 있다. 네 개의 오두막은 모두 다른 전시관인데, 마지막인 멜카 전시관만 진품이고 나머지는 모두 모조품이다. 하지만, 이를 설명하는 가이드는 작년까지 아디스아바바 대학교 고고학과 학생이었고, 작년 한국의 대통령께서 방문하셨을 때 초대 받은 열 명의 학생

호모 사피엔스, 신석기 시대 유물, 마지막 전시관 실내 전경

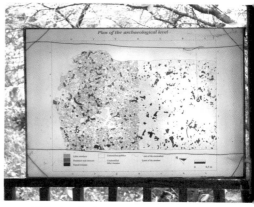

실제 발굴 현장, 발굴 현장 발굴도

중 한 명이었다고 한다. 유창한 영어에 해박한 지식은 나를 깜짝 놀라게
했다. 구석기 시대부터 신석기 시대 유물들의 차이점을 명확히 설명해 준
다. 여기 유적지는 백 칠십 만년 전의 유물들이고 1963년 물을 파려고
수문학자가 지질조사를 하던 중 발견했고, 이를 고고학자에게 보고 후,
20년에 걸쳐 발굴이 마무리되었다. 돌로 만든 도구들, 짐승과 사람의 뼈
들이 있다. 네 곳의 전시관을 둘러보면 숲 속으로 약 5분을 걸어가 발굴
현장을 안내해 준다. 여기에는 호모 이렉투스와 사피엔스가 사용했던 도
구들과 짐승의 분리된 뼈들이 함께 발견되어 사냥 후 요리했음을 알 수
있다. 여기도 역시 곳곳에 설명 판들이 걸려 있다. 나는 비록 이 분야의
전문가는 아니지만, 이 쪽에 흥미가 있는 분들은 꼭 들러 볼만한 곳이다.

오는 길에 고속도로 길가에 종이컵을 나뭇 가지에 거꾸로 꽂아 놓은 것을 종종 볼 수 있다. 이는 '떨라'라는 보리를 발효시켜 만든 알코올 도수가 낮은 전통술을 파는 가정집이란 뜻이다. 이 나라에 근사한 고속도로 휴게소는 없지만, 잠시 차를 세우고 이곳에서 떨라 한잔 하는 운전사들은 많다. 하지만, 낮은 도수긴 하지만, 엄연히 알코올이므로 주의가 필요하다.

'떨라' 파는 가정집 표지판

티그라이 게랄타 롯지에서

남부 답사3 아르바 민치, 랑가노 2013. 1. 12. – 1. 13.

2013/1/12 토

　이번의 목적지는 아르바 민치Arba Minch다. 아르바는 숫자 사십이란 뜻이고 민치는 봄이란 뜻이다. 영어로 포티 스프링Forty Springs라 하고, 네찌사르 국립공원Nechisar national park 안에 포티 스프링이란 뷰 포인트가 있다. 또한 북쪽의 아바야 호수Abaya lake와 남쪽의 차모Chamo Lake 호수 사이에 있는 비옥한 토양을 가진 남쪽 최대의 도시이며, 접시족 같은 남부 에티오피아 전통 부족을 보러 가기 위해 쉬어 가는 도시이기도 하다. 하지만 우린 전통 부족 답사는 생략하고 이 도시와 네찌 사르'네찌'는 '하얀'이란 뜻이다. 국립공원만 탐방하기로 했다.

　비행기도 있지만, 우리는 자가용을 택했고, 오전 3시에 출발했다. 보통 이 시간에 출발하는 사람은 없지만, 애들을 데리고 운전하기엔 이 시간이 좋기 때문이다. 모조, 지와이 대신 부타지라, 호산나로 가는 길로 택했다. 이 길이 덜 막히고 거리도 505km 대 440km로 65km 더 짧기

아르바 민치 특유의
작고 달콤한 바나나

때문이다. 재작년 소도까지 모든 도로 포장이 완료된 이후 거의 모든 차량은 이 길을 이용한다. 호산나에 6시 도착했고, 소도에 7시 도착했다. 하지만, 소도 넘어서 아르바 민치 70km 전부터 도로 사정이 급격히 안 좋아진다. 비포장 도로와 함께 움푹 패인 웅덩이가 곳곳에 있어 고속 주행은 어렵다. 하지만, 소도를 넘으면 남부 특유의 바나나를 볼 수 있는데, 크기가 더 작지만 맛은 달콤하다. 차를 세우고 창문만 열면 수십 명의 아이들이 바나나와 망고가 담긴 바구니를 들고 달려들기 때문에 보는 것이 어렵진 않다. 10비르면 한 바구니를 살 수 있다. 운전할 때 좋은 간식거리가 된다.

드디어 9시 조금 넘어 파라다이스 롯지Paradise Lodge, www.lodgeparadise. com에 도착했다. 아르바 민치에서 제일 훌륭한 뷰를 자랑하고 가격도 제일 비싸다. 사실 아르바 민치는 북쪽의 시켈라Sikela 마을과 남쪽의 쉐카Sheca 마을, 두 개의 마을로 이루어진 도시인데, 이 롯지는 두 마을의 가

파라다이스 롯지 전경

파라다이스 롯지에서 바라보는 포티 스프링

파라다이스 롯지에서 본 보이는 시인 다리 파라다이스 롯지 레스토랑 차모 호수에

늪지대로 들어가는 길. 늪지대에 서식하는 악어

운데 있다. 가격은 더블룸 하루에 70달러이고 추가 침대는 15달러다. 어쩌면 마지막이 될 수 있는 에티오피아 여행에 이 정도 금액은 투자할 만하다. 그리고 객실은 방갈로 형태로 수십 개가 있고, 이중 레이크 뷰 객실이 네 개 있다101호~104호. 전망은 좋지만, 객실 수준은 다른 곳보다 약간 떨어진다. 하지만 인기가 좋아, 예약할 때부터 말하지 않으면, 잘 수 없다.

롯지의 레스토랑에 들어서면 장시간의 운전과 무더운 날씨에 오는 피로는 한 순간에 날아갈 만큼 시원하고 전망이 좋다. 아마 아르바 민치에서 베스트 뷰 포인트일 것이다. 포티 스프링이 한눈에 내려다 보이고 이

나무 위에 앉아 있는 독수리

숲들의 울창한 나무들은 마치 거품이 끓어 오르는 것처럼 보인다. 그리고 왼편의 아바야 호수와 오른편의 차모 호수가 가운데 산봉우리 서너 개로 나누어져 있는데, 이 산봉우리를 신의 다리The Bridge of God라고 부른다. 두 호수와 신의 다리, 포티 스프링 모두를 조망할 수 있다.

식사를 마치고 우리는 먼저 악어 농장Crocodile Ranch으로 향했다. 북쪽 시켈라 마을에서 공항 가는 길에 있고, 가기 전 오른편에 다 닳아진 악어 농장 간판이 보인다. 여기서부터 비포장 도로 20분 정도를 달리면 허름한 건물이 보인다. 건물 안에 들어서면 졸다가 나온 가드와 다리를 절고 한쪽 눈이 먼 직원이 나를 맞이한다. 손님은 일 년에 한두 명 올까 말까 한 곳이고, 건물에 들어서면 큼직한 악어뼈 세 세트 외에 특별한 것은 없다. 직원은 뒤편에 악어 몇 마리가 있다고 하지만, 신뢰가 가지 않고, 예전에 악어 가죽이 인기가 좋을 땐 몇 천 마리를 키웠지만, 요즘은 악어 가죽의 인기가 떨어지면서 자연히 쇠락한 것 같다. 그리고 입장료는 외국인 10달러에 현지인 20비르로 차이도 너무 커 우리는 실망감만 안고 돌아섰다. 폐허 같은 곳이라 별로 추천하고 싶지 않다.

우린 다시 차를 남쪽으로 돌려 두 마을 사이에 있는 네쯔 사르 국립공원으로 향했다. 국립공원 안에 있는 악어 시장Crocodile Market을 보기 위해서다. 하지만, 도착하니 악어 시장은 지금 폐쇄되었고 아르바 민치에

서 악어를 보는 유일한 방법은 남쪽 쉐카 마을 끝자락에 있는 보트 연합회Boat association 사무실로 가서 표를 끊고 배를 타는 방법밖에 없다. 하지만, 먼저 국립공원 입구에서 표를 끊어야 남쪽 마을에서 보트를 탈 수 있다. 어쨌든 국립공원 사무소는 들려야 하는 것이다. 입장료는 외국인 90비르, 외국 거주민 50비르, 자동차는 15비르고 한 번 표를 사면 24시간 유효하다. 내일 오전에 다시 올 때 사용할 수 있다. 그리고 표를 가지고 남쪽 쉐카 마을 끝자락에서 우여곡절 끝에 보트 사무소를 찾았다. 이젠 보트 업주들이 연합회를 만들어서 덤핑을 칠 수 없고 모든 가격이 똑같다. 8인용 보트만 있는데, 920비르다. 우리 식구는 넷 밖에 없지만, 한 척을 빌릴 수밖에 없었다. 사무소에서 표를 끊으면 보트 운전사를 태우고 다시 10분 가량 포장길과 10분 가량 비포장을 달려 선착장에 가야 한다. 선착장에서 다시 한번 국립공원 입장권이 있는지 물어본다.

선착장에 도착하니 우리 말고 유럽 관광객 십여 명도 있다. 그 그룹에 비해 우린 넓직한 배에 넷만 타니 오히려 한적하고 좋다. 약 한 시간 반 정도 차모 호수를 둘러 볼 것이다. 배를 타니 악어를 보려고 오후 내내 시내를 헤맸던 짜증은 싹 사라졌다. 하마들이 호수를 헤엄치고 다니고 있고, 늪지대로 가면 모터를 끄고 뱃사공이 노를 젓기 시작한다. 강둑에 도착하니 어른 네댓 명은 집어 삼킬 것 같은 악어 두 마리가 우리를 지켜보고 있었다. 이밖에 펠리컨과 독수리 등 근사한 새들도 볼 수 있다. 또한 강둑에 보면 조그마한 나룻배_{Harura라고 부르며, 이 지역의 가벼운 나무를 엮어서 만들었다.}를 타고 낚시를 하는 어부들을 볼 수 있는데, 종종 이들은 하마와 악어의 먹이가 되기도 한다고 한다. 다시 롯지에 도착해 일인당 200비르인 부페 대신 단품 요리를 주문하고 맥주를 마시니 점심때 본 전망보다 저녁때의 전망이 훨씬 훌륭하다. 하지만, 새벽부터 운전했더니 잠이 쏟아진다.

보트 위에서

하메르족 남자

2013/11/13 일

　　오전 5시에 일어나려던 계획은 피로로 인해 수포로 돌아갔다. 네쯔 샤르 공원에서 얼룩말 같은 동물을 보기엔 오전 6시가 제일 좋다고 했기 때문이다. 하지만, 우린 7시에 일어나 8시쯤 공원 입구에 도착했다. 원래 가이드를 쓰지 않았고, 입구에서 스카우트를 고용했다. 인건비만 200비르라고 한다. 내 자동차에 태우고 국립공원으로 들어서고 10분 정도 달리니, 길이 험악해진다. 내가 잘못 생각한 듯싶다. 아와시 국립공원 안의 길은 마찬가지로 비포장이긴 하지만, 달릴 수 없을 정도는 아니었는데, 여기는 훨씬 심하다. 결국 30분 정도 가다가 우린 포기하고 돌아가기로 했다. 이 상태론 브리지 오브 갓으로 올라가는 오르막길을 넘기 힘들고, 넘어서서 있는 네쯔 사르 평야Nechisar Plain도 힘들 것이다. 입구부터 24km 라는데, 길도 험하고, 얼룩말도 이젠 보기 힘들다고 한다. 악어와 하마를 볼 수 있다지만, 이는 어제 배 타면서 다 봤다. 그리고 무엇보다 국산차인 내 차가 걱정이었다. 우린 다시 한번 허탕치고 나올 수밖에 없었다. 다음에 차체가 더 높은 오프로드 전용 차량을 빌리더라도 볼 곳은 그리 많지 않아 보인다.

랑가노 가는 길

비샹가리 롯지의 레스토랑. 숲속에 숨어 있는 별장같은 객실

 오는 길에 우린 점심을 랑가노 호수 남쪽에 있는 비샹가리 롯지www.
bishangari.com에서 먹기로 했다. 랑가노에서 제일 비싼 롯지라 궁금하기도
했다. 더블룸이 일박에 주중은 137달러 주말은 203달러나 한다. 식사도
코스는 일인당 23달러. 입장료도 일인당 150비르나 하지만, 식사를 하
면 입장료를 제한 금액만 계산하면 된다. 우린 숙박은 안하고 식사만 하
면서 살짝 즐겨보기로 했다. 고속도로에서 비샹가리 롯지란 간판이 보이
고 여기서 20km 정도 비포장 길을 들어서야 한다. 약 한 시간이 걸리는
데, 이 롯지는 단점이 비싸고 고속도로에서 너무 멀다는 점이다. 하지만,
롯지에 들어서면 바닷가 같은 호수를 끼고 있는 넓직한 평야에 롯지가 있
는지조차 알 수 없도록 자연과 조화롭게 지어 놓았다. 눈 여겨 보지 않으
면 숲 속의 별장 같은 객실을 찾지 못한다. 둘러싼 울창한 나무들엔 원
숭이 떼가 쉬고 있다. 마치 신혼여행지 같았고 과연 왜 에코 롯지라고 홍
보하는지 알 듯하다. 시설 또한 랑가노에서 1997년 지어진 제일 오래된
롯지치고 훌륭하다. 우리는 비싼 코스 요리 대신 단품 요리로 주문했다.
식사도 훌륭하나 가격은 600비르를 훌쩍 넘었다. 식사를 하고 호숫가에
셋팅해 놓은 썬 베드와 해먹에서 아이들과 시간을 보내니 여기서 자고
싶은 생각이 굴뚝같다. 우린 아쉬움을 뒤로 하고 집으로 향했다. 이것이
마지막 에티오피아 여행이라고 생각하니 너무도 아쉽고 다시 이 곳을 올
기회가 있을지 모르겠다.

나무 위의 원숭이 떼, 호숫가 가기 전의 숲속

바닷가 같은 랑가노 호숫가

해먹 위에서 노는 아이들

호숫가에서 하루라 나룻배와 노는 아이들

동부답사1 데브리 자잇 2012. 11. 7. – 11. 8.

2012/11/7 수

시외 동쪽에 있는 데브리 자잇Debri Zeyit에서 1박 2일간 현지평가회의를 한다. 우리는 줄여서 현평이라 이야기하는데, 1년에 한 차례 있고, 이때가 아니면 단원들이 서로 얼굴 볼 기회가 없다. 다 같이 모여 분야별 발표도 하고 지역별 발표도 하면서 사무소의 입장과 건의사항도 개진할 수 있는 유일한 기회. 사실 단원들이 서로 멀리 떨어져 있다 보니, 이 날 처음 본 사람들도 많다.

이 도시는 오로미아어로 비쇼프트Bishoftu라고 불리고, 아디스에서 한 시간 거리로 호수로 유명한 도시다. 주말에 대도시를 탈출하고 싶은 도시민들의 욕구를 해소시켜 주는 곳이다. 서울의 미사리와 같은 곳이라고 할 수 있다. 이 중 제일 크고 유명한 호수가 호라Lake Hora다. 이 호수가 유명한 것은, 매년 9월 27일경 메스켈 축일 후 첫 번째 일요일, 모든 오로미아의 열정적 신도들이 이 호숫가 무화과 나무에 모여, 신에게 풍년과 내년의 풍작을 기원하는 식을 올리기 때문이다. 하지만, 가는 길은 그리 좋지 않다. 지부티에서 들어오는 모든 화물이 나자렛과 이곳을 거쳐 아디스로 들어가기 때문이다. 교통 체증도 심하고 도로 곳곳에 패인 웅덩이가 있다. 가는 데 두 시간 가까이 소요되었다. 가는 길의 풍경은 대도

물새 떼가 있는 쿠리프트 호수에서 카약을 타며

시 주변의 공장과 창고 등으로 슬럼화 되어 있다. 이 중 경남기업 간판이 눈에 띈다. 아마 도로 공사를 위해 세운 본부일 것이다.

　도시에 도착하면 한산하고 조용한 다른 소도시와 다름 없는 풍경이 펼쳐진다. 여기에는 4~5개의 작은 호수가 있는데, 편평한 바닥을 가진 둥근 형태의 화산 분화구로부터 만들어진 호수다. 각 호숫가에 한두 개의 리조트가 붙어 있다. 이중 가장 작은 호수인 쿠리프트 호수에 있는 쿠리프트 리조트에서 우린 점심을 해결했다. 이 리조트는 바흐다르, 아디스, 데브리 자잇과 이름 모를 소도시 총 4개의 브랜치를 가진 고급 리조트다. 제일 비싼 리조트이기도 하다. 우리 식구는 숙박은 하지 않고, 점심만 먹을 예정인데, 입장료가 일인당 253비르다. 이 비용으로 점심 요리, 음료 각 한 개, 그리고 카약을 즐길 수 있다. 한국 물가를 생각하면 여전히 싸다. 식사 전 호숫가에서 2인승 카약을 즐겼다. 모터 보트를 타려면 추가 비용을 내야 하나, 굳이 조용한 호숫가에서 시끄러운 보트를 타는 것이 어색할 것이다. 집사람과 아버님은 균형을 잡지 못해 포기하고, 나와 애들만 호수를 한 바퀴 돌았다. 그리고 그림같은 호수를 바라보며 하는 점심은 여기가 에티오피아인가 싶기도 하다.

　식구들과 헤어진 후 현지 평가 회의 장소로 향했다. 바보가야 Babogaya 호숫가에 있는 아둘랄라 Adulala 리조트다. 기존의 유명했던 바보

선착장의 보트에서 아버님과 우인이

쿠리프트 리조트 전경. 쿠리프트 리조트 식당

가야 리조트 옆에 새로 생긴 리조트로 시설이 크고 좋다. 하지만, 아직 디테일이 완공되지 않아 1박 100달러 미만의 비용으로 예약했다고 한다. 호숫가의 경사면에 지어져 호수를 전망대처럼 바라볼 수 있다. 수영장과 테니스장, 스파도 있다. 회의와 저녁식사를 마치고 모닥불 옆에 앉아 게임을 한 즐거운 시간이었다.

2012/11/8 목

데브리 자잇에서 오는 길이 막힌다. 거리는 50km밖에 되지 않는데도 두 시간이 걸렸다. 각종 화물차와 중장비 차량이 다닌다. 지부티에서 아디스로 들어오는 유일한 길이다 보니 화물차량들이 위험해 보인다.

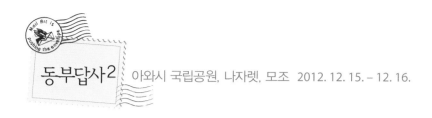

동부답사2 아와시 국립공원, 나자렛, 모조 2012. 12. 15. – 12. 16.

2012/12/15 **토**

이번의 목표는 한국인들이 잘 가지 않는 아와시 국립공원Awash National Park 이다. 동쪽으로 200km 거리에 있으나, 데브리 자잇과 중간 지점인 나자렛까지 길이 막히고 트럭이 많아 운전하는데 네 시간 이상이 걸렸다.

아와시 국립공원 입구

아와시 폭포
아와시 폴 롯지에서 키우는 두 마리의 타조

먼저 숙박은 Awash Fall Lodgewww.awashfallslodge.com로 정했다. 사무소
가 다행히 코이카 사무소 바로 옆 아도트 멀티 플렉스 건물 7층6th floor
에 자리 잡고 있고, 원래 1박에 100USD이나 사전 예약으로 20% 할인
받아 조식 포함해 80USD1,450비르를 선불로 지불했다. 전통 가옥형태보
다 스페셜 더블룸이 가격은 같지만 방이 더 넓고 쾌적하다. 보통 유럽 사
람들은 이 공원에서 텐트랑 들고 와서 캠핑을 즐기지만, 우리는 애기가
둘이나 있어 포기했다. 공원 입구에 도착하면 아와시 국립공원이라 적힌
입구와 입장료 간판이 눈에 띈다. 여기도 역시 외국인과 현지인의 가격

아와시 폴이 한눈에 보이는 롯지의 레스토랑

차별을 둔다. 외국 관광객은 100비르, 외국 거주민 50비르이고 차량은 각 20, 15비르이다. 그리고 스카우트 고용을 강요하는데, 원래는 법적으로 강제성이 없는데도 100비르를 내고 시미엔 산처럼 스카우트와 동행하라고 한다. 우리는 필요없다고 했으나 결국 고용을 했고, 아와시 공원 입구에서 롯지까지 비포장 약 11km 거리인데, 차량에 같이 탑승 후 바로 헤어졌다. 이후로 스카우트를 볼 수 없었다. 하지만, 나중에 들어보니 여기는 육식 동물과 부족간의 갈등Kereyu, Afar, Itu 세 부족의 접경지역으로 위험할 수 있는 지역이라고 한다.

하지만, 롯지에 도착하면 이런 불쾌함이 싹 사라지는데, 롯지는 바로 아와시 폭포Awash Fall 바로 옆에 자리 잡고 있고, 가장 전망 좋은 레스토랑 2층에 앉아서 점심을 먹으면, 지상 낙원이 따로 없다. 그리고 타조 두 마리를 키우고 있는데, 우리 애들은 타조가 제일 재밌는 것 같다. 점심을 먹고 아와시 공원 관광에 가장 좋은 시간인 이른 아침과 해지기 전 시간을 롯지에서 기다리기로 했다. 이윽고 오후 다섯 시 해가 질 무렵 롯지 주변 산책을 걸어서 해 보기로 했다. 일인당 3달러씩 부부가 6달러를 지불하고 가이드와 동행했다. 먼저 바로 뒤편의 아와시 폭포부터 시작한다. 여기엔 악어 가족이 살고 있는데, 크진 않지만, 바위 위에서 몸을 말리고 있는 것이 보인다. 그리고 폭포부터 시작해 강변을 따라 트레

킹을 하게 된다. 아와시 강은 공원의 남쪽 경계를 이루고 에티오피아에서 제일 긴 강이다. 특히 에티오피아는 다양한 새들로 유명한데, 가이드는 조류도감 책을 들고 다니면서 우리에게 설명해 준다. 자신도 아직 새의 이름을 다 외우진 못했다고 한다. 이중 사람이 오면 '고 어웨이'라고 우는 White Veiled Go Away Bird와 물총새Kingfisher, Goliath heron, African fish eagles, Plover 등이 유명하다. 그리고 포유류로는 콜로부스 원숭이 떼를 쉽게 볼 수 있다. 운이 좋으면 표범과 자칼, 스라소니도 볼 수 있다고 하는데 예민한 귀를 가졌다면 밤에 울음소리를 들을 수 있다. 그리고 저녁 무렵 아프리카 영양의 일종인 오릭스Oryx가 물을 먹으로 강으로 내려오는 걸 볼 수 있는데, 가까이서 보니 덩치가 황소만큼 크다.

저녁을 하러 레스토랑에 가니 롯지에서 손님들을 위해 조그마한 캠프

롯지 주변의 강둑 산책 중 발견한
콜로부스 원숭이 떼

파이어를 마련해 놓았다. 식사는 그리 나쁘지 않지만, 일인당 최소 100비르는 잡아야 한다.

숙소에 들어가 자기 시작하면서 애들과의 전쟁이 시작되었다. 사실 이 공원은 고도가 700~800m 정도로 아디스보다 낮아 기온이 높은데다 강을 끼고 있다 보니 모기 떼가 극성이다. 애들은 수시로 깨서 보챈다. 물론 이런 곳은 말라리아도 조심해야 한다. 비록 방마다 모기장이 있긴 했지만, 모기향을 가져가길 잘했다. 어쨌든 애들이 보채는 바람에 뜬눈으로 밤을 새웠다. 그리고 샤워 시설은 비교적 잘 되어 있으나 아마 강변 물을 바로 끌어다 쓰다 보니 그리 깨끗한 물은 아니다.

캠프파이어 주변에서 전통의상을 입고 춤 추는 롯지의 직원들과 아와시 폴 롯지의 바

2012/12/16 일

오전 일곱 시부터 가이드비 10USD를 내고 일라라 살라 평원Ilala Sala Plain을 둘러보려 했으나, 모두들 피로에 절어 시간을 지키지 못하고 아홉 시부터 시작했다. 이 평원에 세 동물이 유명한데 오릭스와 가젤, 얼룩말 이다. 하지만, 근래 얼룩말은 인근 부족의 소 방목 때문에 사라졌다. 먹 이가 되는 낮은 풀들을 공유하기 때문이다. 국립공원 내에서 가축을 키 우는 것이 한국에선 상상도 못할 일이지만, 여기선 몇천년 전부터 해오 던 것이라 아무도 이상하게 생각하지 않는다. 공원을 차를 타고 돌아다 니다 보면 멧돼지의 일종인 Warthog도 보이고 오릭스와 가젤 떼들도 보 인다. 이들이 평야에 사는 이유는 적들의 공격을 쉽게 감지하기 위해서 다. 평원의 풍경은 마치 TV에서 보던 세렝게티와 같지만, 사자와 기린 같 은 근사한 동물은 없다는 것이 차이점이다.

평야의 관광을 마치고 남동쪽 끝자락에 있는 아와시 협곡Awash Gorge 로 갔다. 여기는 사진 촬영하기 좋은 곳으로 아와시 강과 절벽들을 관람 할 수 있다. 이 곳에 캠핑 카 십여 대가 서 있는데, 정부에서 운영하려고 지었지만, 아직 미완성이다. 참고로 아와시 폴 롯지는 개인 소유다.

사실 우리가 둘러본 고속 도로 남쪽 이외에 유명한 곳이 두 군데 더 있다. 고속도로 북쪽으로 있는 유일한 산인 2007m 높이의 판탈 크레이 터Fantale Crater와 온천수가 나오는 필워하 핫 스프링Filwoha Hot Springs이 있 다. 판탈은 화산 분화구로 국립공원이 한눈에 내려다 보이는 곳이고, '필 워하'는 물의 온도가 36도에 이르고 아파르 부족이 이 물로 술을 담근 다. 이 곳은 나중에 다시 방문할 일이 있으면 가 볼 만한 곳이다.

오는 길에 고속도로 양 옆으로 판탈에서 내려오는 호수가 보이는데, 이 름이 버사카 호수Besaka Lake다. 경치가 좋아 사진을 찍으려 차를 갓길에 세우고 내렸는데, 뒤에서 갑자기 미니 버스가 달려온다. 미니 버스는 길을 벗어나 나를 칠 듯이 위협하고 지나 갔는데, 자칫하면 살해 당할 수도 있 단 생각이 들었다. 드라이버는 '짜이나'라고 놀리며 씩 웃고 간다.

이 나라의 반 중국 정서는 알겠지만, 이런 식으로 관광객을 죽이려는 행동은 잘못된 것이다. 그간의 에티오피아에 대한 좋은 감정은 싹 사라졌다. 결국 사진도 못 찍고 나왔는데, 종종 현지인 드라이버 중에 미친 사람

도 많다는 생각이 들었다. 하지만, 이렇게 반 중국 정서가 판을 치는데도 중국 물건이 시장을 장악한걸 보면 중국인은 대단하다는 생각이 들었다.

　오는 길에 나자렛에 들러 단원과 점심을 함께 했다. 인구를 따지면 수도에 이은 두 번째 도시다. 나자렛은 현지어로 아다마Adama로 더 잘 알려져 있고, 오로미아 주의 주도이다. 교통의 요지이다 보니 호텔도 많다. 에티오피아 물량은 전부 지부티항을 거쳐 하나밖에 없는 길로 수도로 온다. 그 중에 반드시 들르는 도시가 나자렛이고, 한국으로 따지면 인천 정도의 도시로 생각된다. 원래는 한국인이 많이 머문다는 마야Maya 호텔에서 하루 자려 했지만, 식구들이 너무 피곤하다고 해 식사만 했다. 마야 호텔 뒤편엔 조그마한 애들 놀이기구도 있다. 하지만, 나자렛은 관광 자원이 많지 않아 남쪽으로 약 20분 정도 가면 온천수가 나오는 소도레Sodore란 마을 정도가 전부다. 숙박 시설은 그리 좋지 않지만, 풀장도 있다고 한다. 여기 또한 식구들의 피로로 생략했고, 다음을 기약했다. 아디스 가는 길에 도시의 서쪽 끝 언덕 위에 두 개의 구부러진 기둥이 서로 마주보며 기대는 큰 기념탑이 보인다. 여기서 더 서쪽으로 가며 언덕 위

오릭스 두 마리

에 풍력 발전소가 보인다. 메켈레에 이은 두 번째 풍력 발전소이지만, 여기 중국산이고 메켈레는 프랑스산이란 점이 차이다.

여기서 조금만 더 가면 모조Mojo란 도시가 나온다. 이 도시는 남부 아와사로 빠지는 삼거리가 있는 교통의 요지이고 건 항구Dry Port가 있는 물류 기지 이기도 하다. 항구가 없는 에티오피아에 발달한 시스템이다. 수입 물량의 70%는 이 항구를 통해 들어 온다. 현재 칠억 천 팔백만 비르를 들여 6,300개의 컨테이너 저장 능력을 9,500개로 확장하는 공사 중에 있다. 한국에서 보면 크지 않은 숫자지만, 에티오피아엔 중요한 건 항구가 있는 물류 도시다.

아와시 협곡

북부답사 피체, 데브리 리바노스 2012. 12. 8.

2012/12/8 토

오늘의 목적지는 피체 Fiche**와 데브리 리바노스**Debri Libanos**다.** 사실 피체는 동료 협력의사의 진료 봉사활동을 따라간 곳으로 큰 관광 도시는 아니다. 바흐다르 가는 길목에 있는 곳으로 아디스에서 약 120km 거리고 시간상 두 시간이 채 안 걸린다. 보통 진료 봉사를 가고 치료나 수술을 해 주게 되면 이후 경과나 합병증을 살펴 보기 위해 추적관찰이 꼭 필요하다. 시내에 도착하면, 조그마한 중심가 넓직한 공터에 그림 같은 병원이 있다. 이름 역시 피체 병원으로 영국계 자본이 기부 설립한 곳으로 단층 건물이 약 10여 동에 이른다. 각 동마다 외래 동, 내과 병동, 외과 병동, 소아과 병동, 수술실 등 나름 체계가 잘 잡혀 있다. 지금은 정부에서 운영하는 정부 병원이다. 마치 아디스의 알러트 병원을 연상케 하는 병원이다. 동료가 진료를 하는 동안 우리 애들과 뒷마당에서 산책을 하는데, 각종 책에서나 봄직한 장수 하늘소, 풍뎅이가 있다. 아이들은 잡았다가 실컷 구경하고 풀어 주었다.

에티오 저먼 파크의 전망대에서

　　점심을 인근 호텔에서 인제라를 먹고 우리는 데브리 리바노스로 향했다. 피체에서 20km 정도 남쪽으로 가면 에티오 저먼 파크Ethio German Park란 간판이 있다. 그림 같은 절벽 위에 협곡을 내려다 보는 전망 좋은 위치에 자리 잡고 있는 호텔이다. 이 곳에선 입장료 대신 음료를 주문하면 된다. 방갈로 같은 숙박 시설과 함께 실내에 시골에서 보기 힘든 분위기 좋은 음식점이 있다. 그리고 언덕을 따라 10분 정도 내려가면 포르투갈 다리Portuguese Bridge가 있다. 협곡 위에 놓은 구름 다리로 건너는데 입장료를 내야 한다. 포르투갈 사람이 지은 건지, 포르투갈 형식으로 지어진 건지 이름이 특이하다.

　　우리는 다시 데브리 리바노스에서 제일 유명한 데브리 리바노스 교회로 향했다. 포장된 삼거리가 나오는데, 여기서 동쪽 방향으로 나가면 된다. 교회 입구까지 10여 분 정도 차로 가는데, 포장은 끝까지 잘 되어 있다. 테클라 하이마놋Tekla Haimanot이란 유명한 성인이 13세기 무렵 세운 교회다. 이 성인은 한발로만 7년간 기도를 드렸고, 새들이 일년에 한 번 주는 한 알의 씨앗으로만 버텼다고 한다. 이에 감복한 신은 세 쌍의 날개를 주었다. 보통 벽화에 방울로 둘러싸인 주교 복장을 한 성인으로 묘사된다. 하지만, 입구에 들어서면 13세기경이 아닌 신식의 웅장한 건물이 먼저 보인다. 기존의 구건물은 중세 시절 무슬림과 기독교간의 전쟁으로 파괴되었고, 신식 건물은 1961년 하일라 황제에 의해 건립되었다. 신식 건물은 하일라 황제가 좋아하는 뾰족하고 웅장하며 거대하게 지어졌다. 입장료는 외국인은 거주 여부 상관없이 무조건 100비르다. 건물 뒤편은 절벽으로 협곡을 잘 내려다 볼 수 있다. 그리고 인근 언덕을 몇 분 올라가면 동굴이 보이는데, 이 동굴에서 테클라 성인이 모든 기도를 드렸다고 한다. 그리고 교회 성수의 물줄기가 여기서 시작하는데, 이 성수를 마시면 악령을 내쫓고 위장병을 고칠 수 있다고 한다. 여전히 데브리 리바노스는 에티오피아 정교의 중요한 순례지 중의 하나로 모든 에티오피아 정교 교인은 평생 한 번쯤은 꼭 들르는 곳이다.

데브리 리바노스 교회 전경

epilogue

이제 원고 집필을 마감하려고 한다. 2011년 입국하고 햇수로 3년간 다른 나라는 가 보지도 않고 에티오피아에만 머물렀다. 세월은 정신없이 지났고, 한국의 일들은 마치 10년 전의 일처럼 느껴진다. 오는 4월에 첫 국외 휴가로 한국을 가면, 다른 나라로 느낄 수도 있을 것이다. 군의관 내지 공중 보건의로 간 친구들에 비해, 복무 면에서 많은 차이가 있다. 여러 모로 좋은 점도 있었고 싫은 점도 있었던 건 사실이다. 하지만, 이런 기회는 평생 오지 않을 것이고, 후회는 없다. 나중에 나의 글을 누군가 다시 봐 준다면, 그것만으로 이 생활은 값진 경험일 것이다.

어느 나라나 그렇지만 에티오피아에 오래 머물면, 특히 에티오피아 국민들에게 애증의 감정이 생긴다. 한없이 선량하고 낙천적인 시골 아낙네들을 보거나, 내가 무슨 실수를 해도 문제 없다고 웃는 환자들을 보면 이 나라는 참 살기 좋은 나라란 생각이 든다. 하지만 '짜이나' 하고 놀리며 조롱하거나 외국인에게 무조건 바가지를 씌우려고 할 땐 당장 떠나고 싶을 때도 있었다. 하지만, 결국 이는 모두가 안고 가야 하는 에티오피아의 모습이고 당분간 앞으로도 변하진 않을 것 같다.

생활하는 면에서도 애증의 감정이 들게 마련이다. 한국의 십분지 일밖에 안 하는 값싼 유기농 농산물들, 저렴한 인건비는 여기서 애 키우고 가는 것이 돈 버는 것이라는 말이 실감난다. 정전과 단수, 도로 포장 같은 문제도 눈에 띄게 좋아지고 있다. 에티오피아는 현재 꾸준히 발전하고 있으며, 전반적으로 2000년대 들어 아프리카 국가들은 정치적 안정을 찾고 있고, 경제 발전도 동반되고 있다. 가끔 아직도 느린 공공 서비스, 비포장 도로를 보면 답답할 때도 있지만, 한 번의 여유를 갖고 기다리면 결국 법대로 원칙대로 처리되기 마련이다. 뇌물을 요구하는 공무원은 한 번도 보지 못했다. 단지 큰 백화점이나 할인 마트에서 원래 쓰지도 않던 비싸고 좋은 물건이 없을 뿐, 생각보다 생활은 나쁘지 않았다.

결국 애증의 감정을 떠나 에티오피아는 어떻게 보면 나의 두 번째 고국이 될 것이다. 앞으로도 에티오피아가 정치·경제·문화 모든 면에서 더욱더 발전하길 바란다. 물론 종종 다나킬 사건이나 며칠 전 있었던 외국관광객 사고 같은 우울한 뉴스도 나오지만, 에티오피아는 치안 면에서 다른 아프리카 국가보다 뛰어나고 사람들은 순박하다. 때론 순박한 사람들과 개발되지 않은 자연을 볼 땐, 한편으로 에티오피아의 산업화가 이루어지지 않길 바랄 때도 있다. 하지만 나의 이런 소박한 안반낙도의 감정과는 달리 에티오피아는 현재 꾸준히 빠르게 성장하고 있는 국가임엔 틀림없을 것이다. 그리고 개인적으로 바라는 건 이제 에티오피아에 대한 가난과 빈곤, 기아의 이미지 대신 발전하고 역동적이며 자립할 수 있는, 아름다운 관광 자원과 자연을 가진 국가의 이미지로 거듭나야 한다는 점이다.

끝으로 이 글을 끝까지 봐 주신 모든 분들과, 나를 지탱해 주신 부모님, 아프리카까지 따라와서 같이 살아 준 부인과 우빈이 우인이, 이런 큰 기회를 주신 대한민국 정부와 한국국제협력단에 깊은 감사의 말씀을 드리고 싶다.

쌀람! 에티오피아

아디스아바바를 중심으로 에티오피아 남부, 동부 바로 알고 떠나기

초판 1쇄	2013년 03월 28일
지은이	최광현, 주혜영
발행인	김재홍
기획편집	권다원, 이은주, 이현주
마케팅	이연실
발행처	도서출판 지식공감
등록번호	제396-2012-000018호
주소	경기도 고양시 일산동구 견달산로225번길 112
전화	031-901-9300
팩스	031-902-0089
홈페이지	www.bookdaum.com
가격	15,000원
ISBN	978-89-97955-52-7 03930